Presentado a:

....

Por:

....

Fecha:

....

Un e-mail de Dios

Claire Cloninger & Curt Cloninger

Peniel

Buenos Aires - Miami - San José - Santiago

www.editorialpeniel.com

Un e-mail de Dios
Claire Cloninger & Curt Cloninger

Publicado por:
Editorial Peniel
Boedo 25
Buenos Aires 1206 - Argentina
Tel. (54-11) 4981-6034 / 6178
e-mail: info@peniel.com.ar

www.editorialpeniel.com

Originaly published in english
under the title: *"E-mail from God for Teens"*
by Honor Books
P.O. Box 55388 Tulsa O.K. 74155 USA

Traducido al español por: Beatriz Sesoldi

Diseño de cubierta e interior: arte@peniel.com.ar

ISBN Nº 987-9038-76-2
Producto editoral Nº 316097

Edición Nº 1 Año 2002

Dedicatoria

Para Kaylee y Caroline.

También para Jeanne, Claire, Ann,
Jesse, Kitty, David, Edward, Patrick,
Pamela, Erin Claire, Daniel D.,
Chuck, Bonnie y Leah.

Introducción

¿Te imaginas a Dios como un hombre viejo con barba blanca, que ronda por el cielo y derrama tinieblas y condenas sobre el mundo? ¿Lo ves como un predicador que golpea un púlpito y grita a las personas sentadas en los bancos de una iglesia? Si es así, ¡tengo buenas noticias para ti! Dios no es como aquellos antiguos estereotipos. Él es real. Está vivo. Conoce tu nombre. ¡Y te ama!

Imagínate que puedes sentarte a charlar en una habitación con Dios cada día y preguntarle todo. Que puedes escucharlo, que te habla acerca de tus problemas, de tus amistades y de todas las decisiones que tienes que tomar. ¡Es posible! Puedes escucharlo a través de su Palabra.

Un e-mail de Dios habla las palabras de Dios en un lenguaje cotidiano. Ofrece guía, ayuda, esperanza, buenas noticias, aliento y amor. Es una oportunidad para que accedas al corazón y la mente de Dios. De modo que, ¿qué esperas?

NO LLEGARÁS TARDE

Tú, Señor, eres mi porción y mi copa; eres tú quien ha afirmado mi suerte. Bellos lugares me han tocado en suerte; ¡preciosa herencia me ha correspondido!

Salmo 16:5-6

Querido hijo:

>Muchas personas piensan que ser cristiano significa perderse las cosas buenas. Piensan que soy el padre que te hace usar zapatillas de segunda clase, cuando todos usan alguna de las marcas de mayor prestigio.

Ese no soy yo. Tengo una maravillosa heredad para ti. Lee mi voluntad y aprende que te he prometido la mejor tajada de la vida. Yo te he hecho, de modo que sé lo que te hace feliz. Te conozco mejor de lo que tú te conoces.

Así que descansa y confía en mí. Tengo algo grande para ti, y no es una vulgar zapatilla sin marca, te lo aseguro. Soy el único que conoce cómo bendecirte.

Tu Hacedor,
>Dios.

=== =========

Cada uno ponga al servicio de los demás el don que haya recibido.

1 Pedro 4:10

Querido hijo:

>Siempre pienso en los billones de personas que he hecho y me pregunto ¿por qué te necesité? ¿Hay un propósito real para tu vida? Confía en mí, porque le di a cada persona dones especiales, incluso a ti. Tal vez aún no hayas descubiertos los tuyos, pero los encontrarás.

Algunas personas son buenos administradores. Otros son buenos artistas, atletas, maestros o escritores. Diseñé a todas las personas de modo que sus dones obraran en beneficio de otros. El problema es que muchas no se ocupan para nada de los otros. Usan cualquier talento que tienen para lograr el bien para sí mismos. Espero que tú no veas las cosas de ese modo. Permíteme ayudarte a descubrir tus dones y mostrarte cómo compartirlos. ¡Te fueron dados dones por alguna razón!

Tu Creador,
>Dios.

=== =========

Me buscarán y me encontrarán, cuando me busquen de todo corazón.

Jeremías 29:13

Querido hijo mío:

>¿Has perdido alguna vez alguna cosa y llegó el momento cuando ya no esperabas encontrarla? Seguro, revolviste toda la casa buscándola, pero como no pensabas hallarla, no la buscabas con mucha esperanza o expectativa. ¿Sabes lo que ocurre en esas situaciones? Ya que no esperabas encontrarla, lo más probable en que no la encuentres.

Algunas personas me buscan de esa manera. "Oh, Dios está allí afuera... pero está tan lejos de mí que nunca lo alcanzaré." Créeme cuando digo que si pones tu corazón en buscarme, ¡me encontrarás! Estoy muy cerca de ti. Abre los ojos de tu corazón y mira bien. Debes esperar que yo esté allí, porque lo estoy.

Tu Amigo,
>Dios.

=== =========

NUNCA ME ALEJARÉ DE TI

Pues estoy convencido de que ni la muerte ni la vida, ni ángeles ni los demonios, ni lo presente ni lo porvenir, ni los poderes, ni lo alto ni lo profundo, ni cosa alguna en toda la creación, podrá apartarnos del amor que Dios nos ha manifestado en Cristo Jesús nuestro Señor.

Romanos 8:38-39

Mi hijo:

>¿Has pensado alguna vez que tu buena conducta podría hacer que te amara más, o que tu mal comportamiento podría hacer que te amara menos? Tu conducta no influye así en mí. ¡Te amo al cien por ciento! Tu buena conducta no cambiará mi amor por ti, y no me importa si eres malo, nunca dejaré de amarte. ¡Nunca! Envié a mi Hijo, Jesús, a sufrir una terrible muerte para que tú pudieras estar conmigo. Te escogí y te compré a un gran precio: la vida de mi propio Hijo.

No hay equivocación que puedas cometer que me haga decir: "¡No te amaré más!" Tú puedes dejarme pero yo nunca te dejaré. Te amo con un amor apasionado que no conoce límites.

Tu Padre fiel,
>Dios.

=== ========

TÚ ERES MUY BUENO

**Dios miró todo lo que había hecho,
y consideró que era muy bueno.**

Génesis 1:31

Querido hijo mío:

>Cuando creé este mundo, miré todo lo que había hecho y dije: "¡Esto es muy bueno!" Tú eres parte de lo que llamo "bueno". De hecho, de toda mi creación, estoy más orgulloso de ti. ¿Por qué? Porque fuiste hecho a mi imagen. Eres como soy yo.

Puse mucho pensamiento, creatividad y amor en hacer quien eres. Tengo un plan y un propósito para tu vida. Aún cuando fanfarroneas, te sigo amando. Puedes cometer un error, pero eso no te hace a ti un error. Así que aunque caigas, debes saber que puedo levantarte y hacerte comenzar de nuevo. Tú eres "muy bueno".

Tu amoroso creador,
>Dios.

=== =========

ESCUCHA LA CANCIÓN QUE ESCRIBÍ ACERCA DE TI

Porque el Señor tu Dios está en medio de ti como guerrero victorioso. Se deleitará de ti con gozo, te renovará con su amor, se alegrará por ti con cantos.

Sofonías 3:17

Mi hijo:

>¿Has pensado alguna vez en el hecho de que me agradas? No te amo solamente en forma seria y religiosa. Realmente me agradas.

¿Has visto alguna vez en el supermercado a un padre orgulloso de su niño? Ese chico podría meter toda la mercadería en el carrito, y el padre tendrá la mirada puesta en él y dice: "¡Ese es mi hijo! ¿No es grandioso?"

Eso es lo que siento por ti. Les estoy diciendo a los ángeles aquí arriba: "¡Miren! ¡Vean a mi hijo! ¡Qué chico!" Canto canciones para celebrar tu vida. Eres mi favorito y no dejaré que nadie diga lo contrario.

Tu fan más grande,
>Dios.

=== =========

QUIERO SER TU ELECCIÓN

Pero si a ustedes les parece mal servir al Señor, elijan ustedes mismos a quiénes van a servir (...)
Por mi parte, mi familia y yo serviremos al Señor.

Josué 24:15

Querido hijo:

>¿Te has preguntado por qué no uso mi poder para hacer que las personas hagan lo que quiero? Podría haber hecho el mundo como un gran escenario de marionetas y manipular a todos tirando de sus cuerdas.

Pero yo quería una relación real contigo. Esa es la razón por la que te di libre albedrío. Quería que tuvieras la libertad de elegirme. Si tuviera que forzarte para que me amaras, ¿significaría algo tu amor?

Algunas veces harás elecciones equivocadas. Pero estoy dispuesto a correr ese riesgo, porque cuando finalmente elijas mis planes, voy a saber que fue tu decisión. Sabré que tú has venido a mí porque realmente deseas una relación conmigo y que quieres esta maravillosa nueva vida que tengo para ti. Y ese día ¡haré una fiesta!

Tu Padre amoroso,
>Dios.

=== ========

NO SOY EL ANCIANO DE ARRIBA

La mano del Señor no es corta para salvar, ni es sordo su oído para oír.

Isaías 59:1

Querido hijo:

>Cuando piensas en mí, ¿piensas en tu abuelo? Tengo muchos años, por eso muchas personas piensan que soy como un ser humano anciano. No lo soy. Envié a mi Hijo, Jesús, para mostrarte mi carácter.

Jesús era valiente y fuerte, trabajó de carpintero desde los doce años hasta los treinta. Después de iniciar su ministerio, venció a los demonios, calmó una tormenta y dio vuelta las mesas de los cambiadores de dinero en el templo.

Piensa en mí como el Padre de Jesús. Creé todo el mundo. Derroté ejércitos enteros con solo un movimiento de mi mano. Si piensas que soy débil o sordo, tienes al Dios equivocado, mi amigo. Te escucho, y solo espero que me des oportunidad para ayudarte. Grítame, yo no soy tu abuelo o tu bisabuelo. Soy tu Padre, el gobernador del universo. Y tengo todo el poder.

Tu Padre celestial,
>Dios.

=== =========

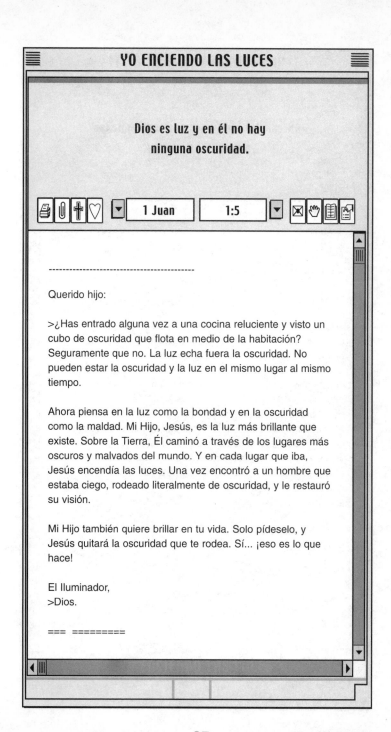

YO ENCIENDO LAS LUCES

Dios es luz y en él no hay ninguna oscuridad.

1 Juan 1:5

Querido hijo:

>¿Has entrado alguna vez a una cocina reluciente y visto un cubo de oscuridad que flota en medio de la habitación? Seguramente que no. La luz echa fuera la oscuridad. No pueden estar la oscuridad y la luz en el mismo lugar al mismo tiempo.

Ahora piensa en la luz como la bondad y en la oscuridad como la maldad. Mi Hijo, Jesús, es la luz más brillante que existe. Sobre la Tierra, Él caminó a través de los lugares más oscuros y malvados del mundo. Y en cada lugar que iba, Jesús encendía las luces. Una vez encontró a un hombre que estaba ciego, rodeado literalmente de oscuridad, y le restauró su visión.

Mi Hijo también quiere brillar en tu vida. Solo pídeselo, y Jesús quitará la oscuridad que te rodea. Sí... ¡eso es lo que hace!

El Iluminador,
>Dios.

=== ========

HAY INDICIOS ACERCA DE TI

Ábreme los ojos, para que contemple las maravillas de tu ley.

Salmo 119:18

Mi hijo:

>He colocado señales claras a lo largo de tu camino, que te conducen hacia mí. Mantén tus ojos abiertos: no hay forma en que puedas perderme. Quiero que me encuentres aún más de lo que lo haces. He hecho el camino transparente y directo para los que realmente me buscan.

Hay indicios que están a tu alrededor –en el mundo hermosísimo que hice– en la diversidad de personas que creé, en sus millones de huellas dactilares, de rostros, de voces y de personalidades tan diferentes. Lo mejor de todo, coloqué pistas dentro de tu propio corazón: una voz suave que te dice con cada latido que soy real, y que te amo. Sigue las pistas.

Tu Padre amoroso,
>Dios.

=== =========

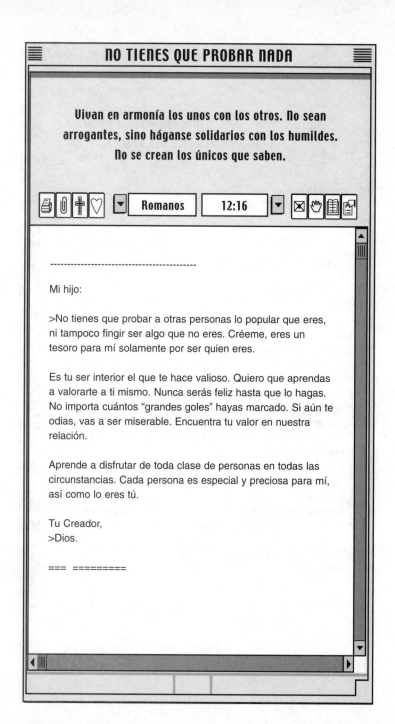

NO TIENES QUE PROBAR NADA

Vivan en armonía los unos con los otros. No sean arrogantes, sino háganse solidarios con los humildes. No se crean los únicos que saben.

Romanos 12:16

Mi hijo:

>No tienes que probar a otras personas lo popular que eres, ni tampoco fingir ser algo que no eres. Créeme, eres un tesoro para mí solamente por ser quien eres.

Es tu ser interior el que te hace valioso. Quiero que aprendas a valorarte a ti mismo. Nunca serás feliz hasta que lo hagas. No importa cuántos "grandes goles" hayas marcado. Si aún te odias, vas a ser miserable. Encuentra tu valor en nuestra relación.

Aprende a disfrutar de toda clase de personas en todas las circunstancias. Cada persona es especial y preciosa para mí, así como lo eres tú.

Tu Creador,
>Dios.

=== =========

NO TE ASUSTES

Acerquémonos, pues, a Dios con corazón sincero y con la plena seguridad que da la fe.

Hebreos 10:22a

Querido hijo mío:

>¿Has salido alguna vez sin permiso y después trataste de entrar a hurtadillas? Si tus padres te atraparon, seguramente te sentiste avergonzado.

Un montón de personas se acercan a mí de la misma manera. Se sienten avergonzados, de modo que cuando oran, suena algo así: "Oh, Dios, sé que me odias. Estoy muy mal. Nunca me perdonarás". Si has hecho algo malo que necesitas confesar, dímelo. Acéptalo y después ven a mí con total confianza.

No estés asustado. Yo soy tu Padre celestial. A causa de lo que Jesús hizo en la cruz, tú puedes venir a mí con la seguridad de que siempre te recibiré. Siempre te perdonaré. Yo sé lo que has hecho, y sin embargo te amo.

El único que te acepta,
>Dios.

=== =========

Muchas son las angustias del justo, pero el Señor lo librará de todas ellas.

Salmo 34:19

Querido hijo:

>Las personas están muy confundidas acerca de la manera en que obro. Piensan que mi trabajo es librarlos de todos sus problemas. Supuestamente estoy para arreglar cada situación mala y hacer que cada circunstancia sea perfecta.

Pero, lo siento, ese no es mi trabajo. Arreglaré muchas de tus circunstancias, pero aún vas a seguir teniendo algunos problemas. Las buenas noticias son que, a medida que me conoces, descubrirás que siempre estoy contigo. Te conduciré a través de tus problemas y te ayudaré a salir al otro lado.

Piensa en tu vida como una jungla, y yo soy tu guía. No voy a convertir toda la jungla en Disneylandia. Pero te conduciré a través de la jungla. Cuando tu vida sea feroz, no te enojes. Solo acércate, y te haré atravesarla.

Tu guía,
>Dios.

=== =========

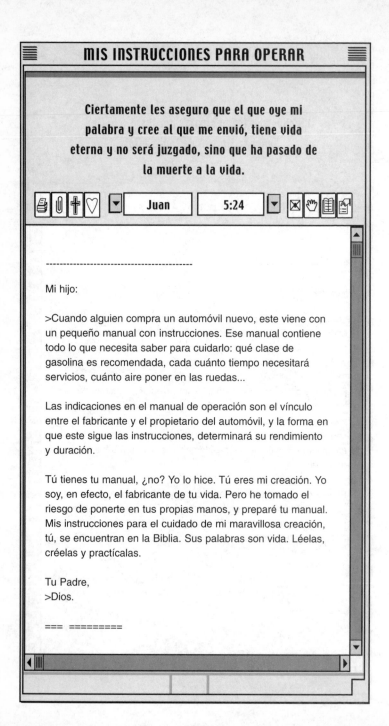

MIS INSTRUCCIONES PARA OPERAR

Ciertamente les aseguro que el que oye mi palabra y cree al que me envió, tiene vida eterna y no será juzgado, sino que ha pasado de la muerte a la vida.

Juan 5:24

Mi hijo:

>Cuando alguien compra un automóvil nuevo, este viene con un pequeño manual con instrucciones. Ese manual contiene todo lo que necesita saber para cuidarlo: qué clase de gasolina es recomendada, cada cuánto tiempo necesitará servicios, cuánto aire poner en las ruedas...

Las indicaciones en el manual de operación son el vínculo entre el fabricante y el propietario del automóvil, y la forma en que este sigue las instrucciones, determinará su rendimiento y duración.

Tú tienes tu manual, ¿no? Yo lo hice. Tú eres mi creación. Yo soy, en efecto, el fabricante de tu vida. Pero he tomado el riesgo de ponerte en tus propias manos, y preparé tu manual. Mis instrucciones para el cuidado de mi maravillosa creación, tú, se encuentran en la Biblia. Sus palabras son vida. Léelas, créelas y practícalas.

Tu Padre,
>Dios.

=== ========

El camino de Dios es perfecto;
la palabra del Señor es intachable.

Salmo 18:30a

Querido hijo:

>Tú creciste esperando que tus padres sean perfectos, y cuando te diste cuenta de que no lo eran, te desilusionaste. Después de todo, confiabas en ellos. Ellos te enseñaron todo. Tenían todas las respuestas.

Pero como dice el dicho: "nadie es perfecto", excepto yo. Nunca he cometido un error, y nunca lo haré. ¿Piensas que las jirafas fueron un error? Considéralo nuevamente. Yo las hice, y soy perfecto. Todo lo que hago y digo es perfecto.

¿Piensas que eres un error? ¡De ninguna manera! Recuerda, no hago errores. Te hice exactamente en la forma que eres por una razón. Acércate a mí, y te mostraré por qué estoy tan orgulloso de ti.

Tu Creador,
>Dios.

=== ========

SÉ LO QUE TE HARÁ FELIZ

Las obras de la naturaleza pecaminosa se conocen bien: inmoralidad sexual, impureza y libertinaje; idolatría y brujería; odio, discordia, celos, arrebatos de ira, rivalidades, disensiones, sectarismos y envidias; borracheras, orgías y otras cosas parecidas.

Gálatas 5:19-21a

Mi hijo:

>La razón por la que no quiero que vivas una vida centrada solo en ti no es porque yo sea un aguafiestas. Es porque una vida como esa te haría miserable. Te lo garantizo.

Una vida donde te pusieras a ti mismo en el centro de tu propio universo, te convertirá en una caricatura de bajos ideales y con hábitos degradantes. Te hundirá en el lodo de la competencia, te atrapará en una rueda de deseos nunca satisfechos y te quitará la alegría de la simple serenidad.

Te hice, y sé lo que te hará feliz. Fuiste diseñado para amar a otras personas, y a mí. Allí es donde está tu felicidad, no en una búsqueda interminable tras tus propios placeres. Toma mi Palabra para ello.

Tu Padre Celestial,
>Dios.

=== ========

SOY DIVERTIDO

Deléitate en el Señor, y él te concederá los deseos de tu corazón.

Salmo 37:4

Querido hijo:

>La mayoría de las personas quieren muchas “cosas” porque piensan que eso los hará felices. Piensa en esto. No quieres un bote solo para tener un bote; quieres un bote por la diversión que puedes tener con él.

Esta es la razón por la que algunas personas ricas que no me conocen siguen comprando más cosas. Piensan que sus posesiones los hará felices, pero nunca sucederá. Si pasas tiempo junto a mí, descubrirás que lo que realmente quieres es un relación conmigo. Te hice para que me necesitaras, y hasta que no me conozcas no serás realmente feliz.

Conóceme, y satisfaré tus deseos. ¡Incluso puedo meterte en un bote, nunca puedes saberlo!

El dador del gozo,
>Dios.

=== =========

USA TUS DONES EN FORMA CREATIVA

Cada cual examine su propia conducta; y si tiene algo de qué presumir, que no se compare con nadie. Que cada uno cargue con su propia responsabilidad.

Gálatas 6:4-5

Mi hijo:

>Supongo que has notado que no hice el mundo de clones. Incluso si miras en cada ciudad y lugar del planeta, nunca encontrarías a alguna persona exactamente como tú. Tú eres original, por dentro y por fuera.

Parte de tu asignación como mi hijo es lograr conocerte, saber para qué eres bueno y qué es lo que te gusta. No es una competencia entre tú y otra persona. Ten confianza, tienes el derecho de ser único. ¡Eres increíble!

Déjame ayudarte a descubrir cómo usar los dones que te he dado cuando desempeñas el trabajo que te parece emocionante. ¡Quiero ver que tu vida tiene valor para algo grande!

Tu Creador,
>Dios.

=== ========

SOY TODO PARA TI

¿Qué diremos frente a esto? Si Dios está de nuestra parte, ¿quién puede estar en contra nuestra?

Romanos 8:31

Mi hijo:

>¿No te ha parecido que toda tu vida es una grandiosa competencia? ¿O que cada persona que encuentras te está calificando? Otros jóvenes te están inspeccionando, considerando tu ropa, tu personalidad y si "estás a la moda". Los maestros califican tus pruebas con sus marcadores rojos, listos para bajarte la nota ante el más leve error. Tus padres están encima de ti para que hagas las tareas del hogar, cumplas horarios y mantengas limpia tu habitación.

Bien, quiero que sepas que estoy por ti, ahora y para siempre. Así que no te preocupes por la "calificación" que los demás te dan, puedes caminar con este secreto confidencial: "Dios está de mi lado".

Tu Padre y amigo,
>Dios.

=== ========

TE CONOZCO MUY BIEN

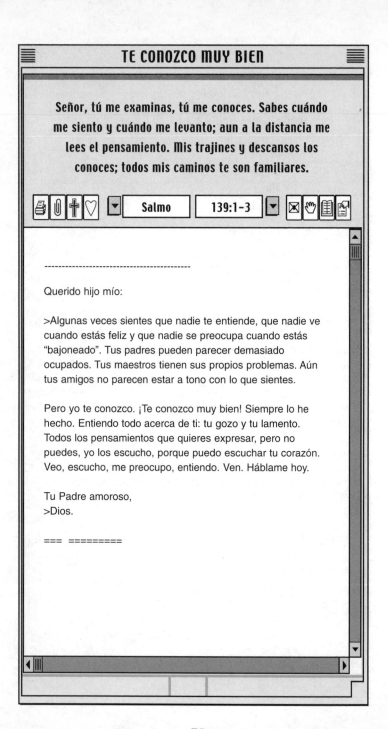

Señor, tú me examinas, tú me conoces. Sabes cuándo me siento y cuándo me levanto; aun a la distancia me lees el pensamiento. Mis trajines y descansos los conoces; todos mis caminos te son familiares.

Salmo 139:1-3

Querido hijo mío:

>Algunas veces sientes que nadie te entiende, que nadie ve cuando estás feliz y que nadie se preocupa cuando estás "bajoneado". Tus padres pueden parecer demasiado ocupados. Tus maestros tienen sus propios problemas. Aún tus amigos no parecen estar a tono con lo que sientes.

Pero yo te conozco. ¡Te conozco muy bien! Siempre lo he hecho. Entiendo todo acerca de ti: tu gozo y tu lamento. Todos los pensamientos que quieres expresar, pero no puedes, yo los escucho, porque puedo escuchar tu corazón. Veo, escucho, me preocupo, entiendo. Ven. Háblame hoy.

Tu Padre amoroso,
>Dios.

=== =========

NO TENGAS MIEDO

Digan a los de corazón temeroso: "Sean fuertes, no tengan miedo. Su Dios vendrá con venganza; con retribución divina vendrá a salvarlos".

Isaías 35:4

Mi hijo:

>Algunas veces te has preguntado dónde estoy. Has dicho: "¿No ve Dios lo que me pasa? ¿Dónde está?"

Quiero que sepas que tengo cuidado de ti, y que estoy aquí para rescatarte. Este mundo puede ser un lugar aterrorizador, pero yo tengo el control. Si alguien te asusta –un familiar, un maestro o un matón– puedes hablar conmigo, puedes orar. Pídeme ayuda. Yo soy el Padre de los huérfanos. Eso significa que si no hay nadie allí para protegerte, entonces es mi trabajo hacerlo. ¡Descansa! Estoy atento.

Tu Protector,
>Dios.

=== =========

ESCUCHA AL MUNDO QUE TE RODEA

Los cielos cuentan la gloria de Dios, y el firmamento proclama la obra de sus manos.

Salmo 19:1

Mi hijo:

>¿Quién piensas que pintó las puestas del Sol? ¿Piensas que solo ocurrieron? ¿Quién piensas que hizo el cielo azul y los pinos verdes? ¿Solo aparecieron?

Ningún cuadro se pintó solo. Ningún edificio se construyó solo. Así que ¿por qué el mundo debería ser diferente? Yo hice la Tierra y todo lo que hay en ella. Cada hoja de pasto me apunta: soy el Creador. Cada trueno de una catarata es mi firma. Abre tus ojos y mira a tu alrededor. La creación no apareció por casualidad. Yo hice todo.

Y la parte más grandiosa de mi creación eres tú. Toma tiempo para observar y disfrutar del mundo que hice, y después verás mi mano en todo ello. Soy el autor de todo.

El Creador,
>Dios.

=== =========

LOS MILAGROS TODAVÍA SON MI NEGOCIO

Tú eres el Dios que realiza maravillas; el que despliega su poder entre los pueblos.

Salmo 77:14

Mi hijo:

>Algunas personas buscan una gran muestra de mi poder. Algunos piensan que si pudieran ver un milagro, o dos, creerían en mí. Bien, muchas personas vieron a Jesús hacer milagros cuando estuvo en la Tierra. Algunos lo recibieron y otros no. Todo es cuestión de lo que eliges creer.

Cada día estás rodeado de milagros. Cada vez que una flor florece, es un milagro. Cada vez que un bebé da sus primeros pasos, o cada vez que un esposo y esposa se perdonan el uno al otro, es un milagro. Todavía hago cosas inexplicables y maravillosas cada día, como multiplicar comida para el hambriento y sanar al enfermo. De modo que mantén tus ojos abiertos y elige creer. ¡Los milagros todavía son mi negocio!

El hacedor de milagros,
>Dios.

=== =========

DOY BUENAS DÁDIVAS

¿Quién de ustedes, si su hijo le pide pan, le da una piedra? ¿O si le pide un pescado, le da una serpiente? Pues si ustedes aun siendo malos, saben dar cosas buenas a sus hijos, ¡cuánto más su Padre que está en el cielo dará cosas buenas a los que le pidan!

Mateo 7:9-11

Mi hijo:

>Los padres no son perfectos, y algunos de ellos no son exactamente modelos, pero al menos tienen el suficiente sentido para alimentar a sus hijos ¡con pan en lugar de piedras!

Pero yo soy el Padre perfecto. Eso significa que cada vez que quieras hablarme, quiero escucharte. Cada vez que quieras llorar, quiero consolarte. Cada vez que necesites consejos, quiero dártelos. Sé que no puedes verme, pero estoy aquí. Celebro tus victorias y me afligen tus derrotas. Escribo canciones acerca de ti y te las canto mientras duermes. Hablo bien de ti a Jesús y a los ángeles. ¡Te amo!

Doy buenas cosas, así que pídeme lo que necesites. Nunca te ignoraré ni te heriré. ¡Estoy muy orgulloso de ti!

Tu Padre amoroso,
>Dios.

=== =========

¡NO LO PIERDAS!

Y esta es la vida eterna: que te conozcan a ti, el único Dios verdadero, y a Jesucristo, a quien tú has enviado.

Juan 17:3

Querido hijo:

>Probablemente has escuchado un número de teorías acerca de los requisitos para alcanzar la vida eterna. Algunas personas dicen que solo los que son súper buenos calificarán. Otras personas son aún más legalistas. Dicen que tienes que trabajar muy duro, ser lo suficientemente bueno, pertenecer a la iglesia correcta, nunca perder un servicio dominical y cuidar tus pasos cada día. Creen que aún así no puedes estar seguro si irás al cielo.

Desafortunadamente, la mayoría de esas personas son buenas, pero no alcanzan la vida eterna. Se matan a sí mismos, tratan de ser lo suficientemente buenos, o se dieron por vencidos hace ya mucho tiempo, pues creyeron que nunca lo lograrían.

Deseo que conozcan la verdad: no es algo que nos cuesta mucho, casi inalcanzable. La vida eterna está basada en conocer a Jesús y a mí. Lo hice así de simple porque no quiero que la pierdas.

Tu Padre amoroso,
>Dios.

=== =========

TE LLAMA POR TU NOMBRE

Jesús le dijo: –¿Por qué lloras, mujer? ¿A quién buscas?" Ella, pensando que se trataba del que cuida el huerto, le dijo: –Señor, si usted se lo ha llevado, dígame dónde lo ha puesto, y yo iré por él. –María –le dijo Jesús. Ella se volvió y exclamó: –¡Raboni! (que en arameo significa: Maestro).

Juan 20:15-16

Mi hijo:

>En la escuela, ¿has sido identificado con un número en lugar de un nombre? Es algo impersonal, ¿no? Números en la cédula de identidad, números en la licencia de conducir, números en el carné del club ... son parte de la vida diaria.

¡Es tan diferente cuando escuchas tu nombre dicho por alguien que amas! Cuando María fue a la tumba después de la crucifixión, la encontró vacía y comenzó a llorar. Pero momentos más tarde, una voz familiar dijo una sola palabra: "María". Con solo escuchar su nombre, María supo que Jesús estaba vivo.

Escucha mi voz. Cuando pronuncio tu nombre, sabrás que también estoy vivo en tu vida. Para mí nunca serás un número.

Amorosamente,
>Dios.

=== =========

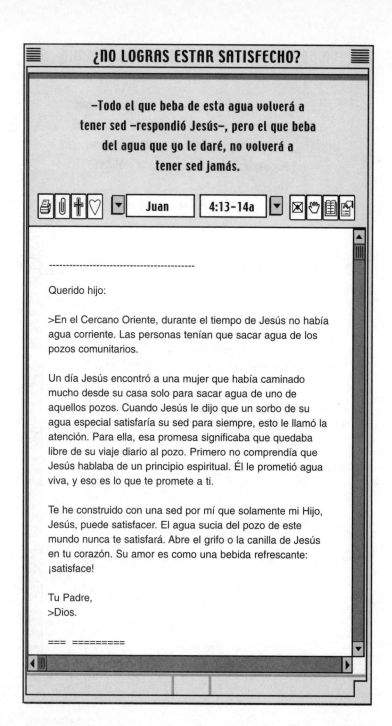

¿NO LOGRAS ESTAR SATISFECHO?

—Todo el que beba de esta agua volverá a tener sed —respondió Jesús—, pero el que beba del agua que yo le daré, no volverá a tener sed jamás.

Juan 4:13-14a

Querido hijo:

>En el Cercano Oriente, durante el tiempo de Jesús no había agua corriente. Las personas tenían que sacar agua de los pozos comunitarios.

Un día Jesús encontró a una mujer que había caminado mucho desde su casa solo para sacar agua de uno de aquellos pozos. Cuando Jesús le dijo que un sorbo de su agua especial satisfaría su sed para siempre, esto le llamó la atención. Para ella, esa promesa significaba que quedaba libre de su viaje diario al pozo. Primero no comprendía que Jesús hablaba de un principio espiritual. Él le prometió agua viva, y eso es lo que te promete a ti.

Te he construido con una sed por mí que solamente mi Hijo, Jesús, puede satisfacer. El agua sucia del pozo de este mundo nunca te satisfará. Abre el grifo o la canilla de Jesús en tu corazón. Su amor es como una bebida refrescante: ¡satisface!

Tu Padre,
>Dios.

=== =========

LA AMISTAD ES UNA CALLE DE DOBLE MANO

Yo anuncio el fin desde el principio; desde los tiempos antiguos, lo que está por venir. Yo digo: Mi propósito se cumplirá, y haré todo lo que deseo. (...) Lo que he dicho, haré que se cumpla; lo que he planeado, lo realizaré.

Isaías 46:10-11

Querido hijo:

<¿Crees que siempre he existido y que siempre existiré? No soy solo alguna ilusión que has soñado. Existo realmente. También cuando enciendes la televisión o cuando tienes una fiesta con tus amigos. Estoy contigo. Solo que no puedes escucharme porque no me prestas atención.

Quiero que me conozcas, pero si no pasas tiempo conmigo, ¿cómo conocerás mi voz? La amistad es una calle de dos manos. Te amo y siempre te amaré, pero si no pasas tiempo conmigo, ¿cómo puedes pensar que soy un amigo? Quiero pasar tiempo contigo. Pero esa es tu elección. Yo elijo amarte a pesar de lo que tú elijas.

Tu Padre,
>Dios.

=== =========

TU ESPÍRITU ESTARÁ DE ACUERDO CON EL MÍO

El Espíritu mismo le asegura a nuestro espíritu que somos hijos de Dios.

Romanos 8:16

Querido hijo:

>Me comunico a través de mi Espíritu. Sé que esto es difícil de entender. Pero mi Espíritu te comunica ahora algo mucho más importante. Mi Espíritu te dice quién soy yo. Te dice quién eres tú y de quién eres: Yo soy tu Padre. Tú eres mi hijo.

Es muy importante para ti saber y creer esto. Compruébalo por ti mismo. Si callas todos los otros ruidos en tu vida –la televisión, la compactera o los juegos electrónicos– y te quedas a solas conmigo, conocerás lo que mi Espíritu te dice: "¡Tu Padre Dios te ama! Confía y cree".

Te amo,
>Dios.

=== =========

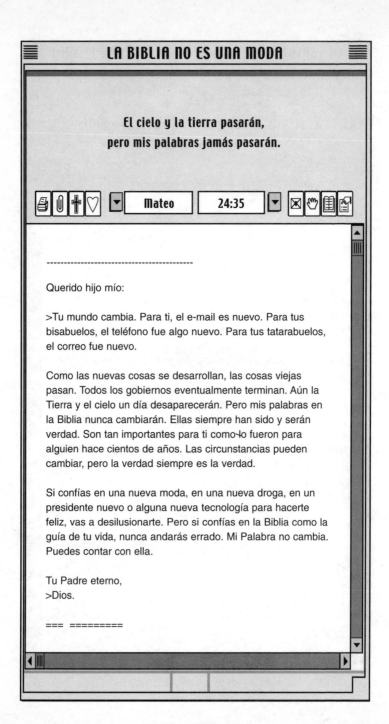

LA BIBLIA NO ES UNA MODA

El cielo y la tierra pasarán,
pero mis palabras jamás pasarán.

Mateo 24:35

Querido hijo mío:

>Tu mundo cambia. Para ti, el e-mail es nuevo. Para tus bisabuelos, el teléfono fue algo nuevo. Para tus tatarabuelos, el correo fue nuevo.

Como las nuevas cosas se desarrollan, las cosas viejas pasan. Todos los gobiernos eventualmente terminan. Aún la Tierra y el cielo un día desaparecerán. Pero mis palabras en la Biblia nunca cambiarán. Ellas siempre han sido y serán verdad. Son tan importantes para ti como lo fueron para alguien hace cientos de años. Las circunstancias pueden cambiar, pero la verdad siempre es la verdad.

Si confías en una nueva moda, en una nueva droga, en un presidente nuevo o alguna nueva tecnología para hacerte feliz, vas a desilusionarte. Pero si confías en la Biblia como la guía de tu vida, nunca andarás errado. Mi Palabra no cambia. Puedes contar con ella.

Tu Padre eterno,
>Dios.

=== ========

Queridos hermanos, no se extrañen del fuego de la prueba que están soportando, como si fuera algo insólito.

1 Pedro 4:12

Mi hijo:

>¿Te has sentido alguna vez estafado o engañado en algo de poca importancia, y después te sentiste avergonzado a causa de que viste en el noticiero chicos con hambre que están en una peor situación? Esto pone las cosas en perspectiva, ¿no? Todos tienen problemas, incluso los cristianos. Así que en lugar de quejarte, pregúntame: "¿Qué quieres que saque de esta experiencia?" Tal vez sufres a causa de algo que no deberías haber hecho. Pregúntame, y te mostraré lo que es.

Pero algunas veces, si eres un seguidor de Jesús, deberías sufrir persecución solo por ser quien eres. ¿Puedes aún confiar en que tengo el control? Si miras a este mundo como un campo de entrenamiento, no es un lugar tan malo. Todos hieren alguna vez. Pero confía.

Tu Consolador,
>Dios

=== ========

CENA CON BISTEC GRATIS

[El Señor] me sacó a un amplio espacio;
me libró porque se agradó de mí.

Salmo 18:19

Mi hijo:

>Dondequiera que escucho decir: "Oh, me estoy comportando bien en estas circunstancias", siempre quiero responder: "¿Qué haces en estas circunstancias? ¡Sal del medio de ellas!"

Quiero que tu vida sea mejor que solo una buena vida. ¡Quiero que sea grandiosa! Sé que todos tienen días difíciles algunas veces. Pero mi afirmación es que siempre podrás mejorar. Si te mueres de hambre, un sándwich de fiambre y queso será bueno, pero una cena con bistec será aún mejor. Quiero rescatarte de tu situación. Esto puede llevar algún tiempo, pero si te adhieres a mí, te levantaré de en medio de tus circunstancias. Quiero bendecirte.

Tu Padre de abundancia,
>Dios.

=== =========

¿QUÉ EN CUANTO A UN NUEVO COMIENZO?

Dichoso aquel a quien se les perdonan sus transgresiones, a quien se les borran sus pecados.

Salmo 32:1 | El Mensaje

Mi hijo:

>Un montón de jóvenes actúan como si no existiera lo bueno y lo malo. Tienen una actitud de "haz lo que sea, con tal de que te haga sentir bien". Pero cuando esos mismos jóvenes van en contra de sus conciencias, te lo garantizo, se sienten culpables. No te cuentan acerca de ello, pero lo sienten. Tratan de hundir la culpa muy profundamente en su interior y si yo no fuera Dios me volverían loco. Esto los machaca, de modo que algunos toman pastillas o comienzan a beber para intentar ahogar mi voz.

El único camino para deshacerse de la culpa es pedirme perdón. Soy el único que puede librarte. Las buenas noticias son que yo puedo borrar tus equivocaciones cada vez que las cometes, y lo hago. Puedes comenzar de nuevo, como si nunca te hubieras equivocado. Así que si te sientes culpable acerca de alguna cosa que has hecho, tráelas a mí. Yo siempre te perdonaré.

Tu mejor amigo,
>Dios.

=== ========

HAZ QUE TU META SEA CONOCERME

Es más, todo lo considero pérdida por razón del incomparable valor de conocer a Cristo Jesús, mi Señor. Por él lo he perdido todo, y lo tengo por estiércol, a fin de ganar a Cristo.

Filipenses 3:8

Mi hijo:

>Una cosa es conocer algo de alguien, pero es diferente conocer realmente a esa persona. Por ejemplo, tú conoces acerca del Presidente de tu país, pero si entras a la casa de gobierno, probablemente no serías invitado a almorzar.

Mi hijo Job, sabía acerca de mí. Pero después de tener un encuentro conmigo, tuvimos un trato totalmente diferente. Una de las metas de la vida del apóstol Pablo fue conocer a Jesús. De hecho, consideró todo lo demás una gran pila de basura comparado con esa meta.

Tal vez, como Job, tú has escuchado acerca de mí toda tu vida. Tal vez puedes cantar "Cristo me ama" y hacerlo bien. Pero eso no significa que conoces a Jesús o que me conoces a mí. Conocernos es entrar en una relación. Haz que esta sea tu meta.

Tu Amigo,
>Dios.

=== =========

QUIERO SORPRENDERTE

Clama a mí y te responderé, y te daré a conocer cosas grandes y ocultas que tú no sabes.

Jeremías 33:3

Querido hijo mío:

>Parte de la diversión de ser Dios es poner sentimientos placenteros en las mentes de las personas. ¡En serio! Conozco todo: lo que pasó, lo que pasa ahora y lo que pasará después, y daré a cococer algo profundo a uno de mis hijos. Amo mirar sus ojos bien abiertos como si una luz saliera de su cabeza y que diga: “¡Lo tengo!”

Tengo algunas de esas verdades que abren bien los ojos, que quiero revelarte: te he creado para entender y apreciar las cosas acerca de mí que nunca nadie más conocerá. Quiero comunicártelo solo a ti. Pasa tiempo conmigo y clama a mí. Lee mi libro, la Biblia. Y después escucha y prepárate para ser sorprendido.

Tu Hacedor,
>Dios.

=== ========

EL DON DEL CONTENTAMIENTO

Manténganse libres del amor al dinero, y conténtense con lo que tienen, porque Dios ha dicho: "Nunca te dejaré; jamás te abandonaré."

Hebreos 13:5

Querido hijo:

>¿Has escuchado en la batalla gritar al mundo: "más, Más, MÁS"? ¿Has visto las "tropas" alineadas en el exterior del muro, listos para atacar? Las puertas se abren... listos... ¡disparen!

Ese ejército siempre busca reclutas, pero tener "más", ya sea más dinero o más cosas, no te comprará la felicidad. Pero tengo un don que te traerá felicidad. Es el don del contentamiento. Estar contento es sentirse alegre por el lugar donde estás y con lo que tienes. ¿Eres rico? OK. ¿Eres pobre? OK. ¿Eres sencillo? OK. ¿Eres caprichoso? OK. Estar contento es quitar la vista del dinero y de las cosas y ponerlos en mí. Déjame inundarte con las riquezas de mi amor.

Tu fuente de contentamiento,
> Dios.

=== =========

FUISTE HECHO PARA AMARME

Es Dios quien nos ha hecho para este fin y nos ha dado su Espíritu como garantía de sus promesas.

2 Corintios 5:5

Querido hijo:

>Algunas veces sientes una profunda tristeza en tu interior y no eres capaz de entenderla o explicarla. Todos se sienten de esa manera alguna vez. Es una ansiedad por mí. Fuiste creado para tener compañerismo conmigo, y nada podrá satisfacer completamente ese vacío dentro de ti, sino mi amistad.

Tendrás muchos otros amigos en tu vida. Eso es bueno. Quiero que disfrutes de ellos. Pero necesitas saber que hay un hueco en tu corazón con la forma de Dios, que nada sino mi amor por ti puede llenar. Y aquí hay algo que puede sorprenderte: hay un hueco en mi corazón con tu forma, que nada sino tu amor por mí puede llenar. No importa cuántas otras personas me amen y sigan, nunca dejaré de esperar tu amor. Fuiste hecho para mí.

Tu Amigo,
>Dios.

=== =========

¿AMARÁS MI MUNDO CONMIGO?

Queridos hermanos, ya que Dios nos ha amado así, también nosotros debemos amarnos los unos a los otros.

1 Juan 4:11

Querido hijo:

>En el comienzo, mi mundo era una pequeña joya, un planeta con campos y bosques llenos de animales asombrosos, aguas llenas de fascinantes peces y cielos llenos de gloriosos pájaros. Pero mi obra maestra fue la familia humana.

Mi plan para el ser humano fue que vivan para siempre en armonía unos con otros y conmigo. Pero ellos querían su propias maneras en lugar de la mía, de modo que ahora hay un montón de enfermedades y tristezas en mi mundo que una vez fue hermoso.

¿Por qué no agitas una varita mágica y lo arreglas? Las varitas mágicas no son algo mío. Yo obro a través de personas como tú, que amarán al desamparado con mi amor y alcanzarán al quebrantado con mi toque. Necesito tu corazón para cuidar, tus manos para sanar, tus pies para ir y tu voz para decir la verdad. ¿Amarás mi mundo conmigo?

Tu Creador,
>Dios.

=== =========

MI CAMINO ES ESTRECHO, PERO NO TANTO

Me has despejado el camino,
así que mis tobillos no flaquean.

Salmo 18:36

Mi hijo:

>Gracia es una palabra que necesitas entender. Gracia soy yo que te da más de lo que mereces. Soy yo que suplo alguna carencia.

Algunas personas sienten que obedecerme es como caminar por sobre un cable de acero que cruza por sobre una gran catarata. Un error, un movimiento equivocado, y caen. Pero ven todo equivocadamente. ¡Te he construido un camino por sobre las cataratas! Seguramente cometerás errores, pero nunca estés disconforme con mi gracia. ¿Cómo aprenderías a caminar en rectitud si te derribaría por cada simple error que cometes? Confía en mí. Yo no soy así.

Si haces lo equivocado, solo pídeme perdón, levántate e inténtalo nuevamente. Estoy por ti, no en tu contra.

El Perdonador,
>Dios.

=== =========

EL AMOR DE MI HIJO ES UN BOTE SALVAVIDAS

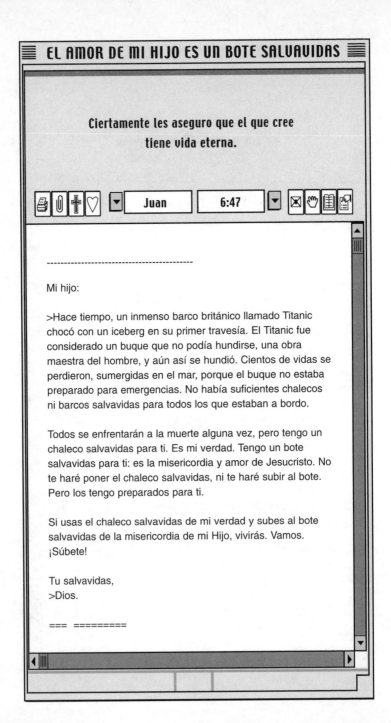

Ciertamente les aseguro que el que cree tiene vida eterna.

Juan 6:47

Mi hijo:

>Hace tiempo, un inmenso barco británico llamado Titanic chocó con un iceberg en su primer travesía. El Titanic fue considerado un buque que no podía hundirse, una obra maestra del hombre, y aún así se hundió. Cientos de vidas se perdieron, sumergidas en el mar, porque el buque no estaba preparado para emergencias. No había suficientes chalecos ni barcos salvavidas para todos los que estaban a bordo.

Todos se enfrentarán a la muerte alguna vez, pero tengo un chaleco salvavidas para ti. Es mi verdad. Tengo un bote salvavidas para ti: es la misericordia y amor de Jesucristo. No te haré poner el chaleco salvavidas, ni te haré subir al bote. Pero los tengo preparados para ti.

Si usas el chaleco salvavidas de mi verdad y subes al bote salvavidas de la misericordia de mi Hijo, vivirás. Vamos. ¡Súbete!

Tu salvavidas,
>Dios.

=== =========

NO SOLO ESCUCHES, ¡ACTÚA!

No se contenten solo con escuchar la palabra, pues así se engañan ustedes mismos. Llévenla a la práctica.

Santiago 1:22

Mi hijo:

>Deberías saber que soy un Dios que actúa. Y nada me haría más feliz que ponerte en acción. Así es como esto funciona. Cuando me sientas codearte para hacer algo, no pierdas el tiempo, ¡hazlo! Cuando me sientas darte direcciones, ¡síguelas!

Allí es donde comienza la aventura. Escucha mi voz y después haz lo que indico, que es emocionante. Es un secreto solo entre tú y yo. Pero asegúrate de esto: nunca me contradeciré. Nunca te diré que hagas algo que vaya en contra de lo que la Biblia dice. Nunca te diré que hagas algo que Jesús no hubiera hecho. Es por esta razón que es importante que leas la Biblia y conozcas a mi Hijo.

¿Listo para intentarlo? ¡Va a ser divertido!

Tu Amigo,
>Dios.

=== =========

ESTÁ BIEN EMPEZAR CON ALGO PEQUEÑO

–¿A qué se parece el reino de Dios? –continuó Jesús– (...) Se parece a un grano de mostaza que un hombre sembró en su huerto. Creció hasta convertirse en un árbol, y las aves anidaron en sus ramas.

Lucas 13:18-19

Mi hijo:

>Mi reino es asombroso y maravilloso. Supera cualquier *show* de magia que jamás hayas visto. Comienza en la vida de una persona como una pequeña semilla de fe, del tamaño de una semilla de sésamo que está sobre el pan de las hamburguesas. Parece tan insignificante que nadie pone atención en ella. Nadie excepto yo.

Mis ojos están constantemente sobre esa semilla de fe. Observo cuando es plantada en la tierra rica de mi amor y misericordia. Constantemente la halago, la animo y la aliento para que crezca. Poco a poco, tu fe comienza a formarse, a desarrollar ramas y a elevarse. Luego un día las personas te miran con asombro: ven un "hermoso árbol", de forma creativa, seguro y hermoso en mi mundo. Planta tu fe en mi amor hoy.

Tu sembrador de semillas,
>Dios.

=== =========

¡TENGO UN PLAN PARA TI!

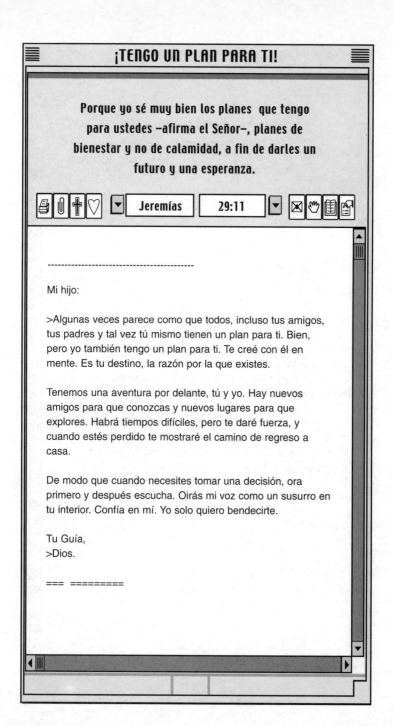

Porque yo sé muy bien los planes que tengo para ustedes –afirma el Señor–, planes de bienestar y no de calamidad, a fin de darles un futuro y una esperanza.

Jeremías 29:11

Mi hijo:

>Algunas veces parece como que todos, incluso tus amigos, tus padres y tal vez tú mismo tienen un plan para ti. Bien, pero yo también tengo un plan para ti. Te creé con él en mente. Es tu destino, la razón por la que existes.

Tenemos una aventura por delante, tú y yo. Hay nuevos amigos para que conozcas y nuevos lugares para que explores. Habrá tiempos difíciles, pero te daré fuerza, y cuando estés perdido te mostraré el camino de regreso a casa.

De modo que cuando necesites tomar una decisión, ora primero y después escucha. Oirás mi voz como un susurro en tu interior. Confía en mí. Yo solo quiero bendecirte.

Tu Guía,
>Dios.

=== ========

Señor, yo amo la casa donde vives,
el lugar donde reside tu gloria.

Salmo 26:8

Querido hijo:

>Yo vivo con mis hijos. ¿Significa que vivo en un edificio? Bien, cuando los que me aman y siguen a mi Hijo, Jesús, están reunidos en un edificio, estoy allí también. No hay nada que me guste más que presentarme y estar en el medio de las cosas. Pero cuando ellos se van, los sigo hasta sus casas. ¿Por qué querría estar en un edificio vacío?

En donde sea que mi pueblo esté, aún cuando estén solos, allí es donde me encontrarás. Pero si realmente quieres verme en acción, ve a una de sus reuniones donde ellos me alaban y adoran. Encuentra una iglesia llena de personas felices y amorosas que están entusiasmadas conmigo. ¡Es una explosión! ¡Te veré allí!

Tu Padre fiel
>Dios.

=== =========

¡MÁS GRANDE QUE EL HOMBRE DE LA BOLSA!

El Señor está conmigo, y no tengo miedo;
¿qué me puede hacer un simple mortal?

Salmo 118:6

Querido hijo:

>¿Te has asustado alguna vez mientras caminabas solo por la noche? Tal vez hubo un ruido en los arbustos o un perro que ladraba, y eso te atemorizó.

Ahora ¿qué hubiera pasado si caminabas con un amigo? Probablemente no habrías notado el ladrido del perro. Las cosas no son tan atemorizantes si tienes un amigo a tu lado, de modo que permíteme caminar contigo.

Yo estoy en todo lugar todo el tiempo, y eso significa que estoy contigo siempre. Yo soy tu mejor amigo. Tú nunca estás solo.

Así que piensa en mí la próxima vez que sientas miedo. Deja que mi cercanía disuelva tu espanto. No necesitas estar atemorizado nunca más.

Tu mejor amigo,
>Dios.

=== ========

CAMBIA HOY LA ESTACIÓN

**Todo lo puedo en Cristo
que me fortalece.**

Filipenses 4:13

Querido hijo:

>No escuches esa antigua estación de radio en tu cabeza que mantiene sonando el *hit* de ayer: "No puedo, no puedo, no puedo". ¡Cambia hoy la estación! Puedes sintonizarme y escuchar el sonido de la verdad en tu interior.

La verdad cantará una canción totalmente diferente. Las palabras son así: ¡no hay nada que no puedas hacer! Todo es posible cuando confías en mí, te daré fuerza para ver. ¡No hay absolutamente nada que no puedas hacer!

Una vez que te afierres de esa poderosa realidad, verás que las puertas cerradas serán abiertas. Encontrarás soluciones a problemas que parecían no tener esperanza y te darás cuenta que soy yo el que obro en ti, te fortalezco y te ayudo a hacer lo que necesita ser hecho. ¡Sintoniza hoy mi verdad!

Tu *disk-jockey,*
>Dios.

=== =========

MI CLASE DE PERSONA

Pero Jesús, llamó a los niños y dijo: "Dejen que los niños vengan a mí, y no se lo impidan, porque es el reino de Dios es de quienes son como ellos".

Lucas 18:16

Querido hijo:

>¿Te has preguntado con quién más me gusta estar? Podrías pensar que son los reyes o presidentes, personas poderosas que llaman la atención de todos. ¡Estás equivocado! Podrías pensar que son las personas más religiosas, aquellos que pueden hacer cien puntos en un examen bíblico. Estás equivocado nuevamente. Tal vez piensas que son las estrellas del deporte o de las películas. No, no realmente. No me impresionan con dinero o con fama.

Las personas con las que amo pasar tiempo son aquellas con corazón de niños, aquellas que no están siempre frente a los reflectores, sino que quieren dejar que alguien más brille. Tengo un corazón para los que están dispuestos a tomar un asiento en la parte de atrás y no actuar como que lo saben todo, aquellos que esperan mis palabras y escuchan mi voz. ¿Eres de esta clase de persona?

Tu Padre amoroso,
>Dios.

=== ========

¡YO SERÉ EL JUEZ!

Por tanto, no tienes excusa tú, quienquiera que seas, cuando juzgas a los demás, pues al juzgar a otro te condenas a ti mismo, ya que practicas las mismas cosas.

Romanos 2:1

Querido hijo:

>Cada vez que empiezas a criticar a otro, esa crítica actúa como un bumerán y vuelve para golpearte en la cabeza. Cada vez que actúas como juez y jurado ante otra persona, terminas por poner un lazo alrededor de tu cuello. Cada vez que señalas con tu dedo índice a otro, mira tu mano: hay otros tres dedos que te señalan a ti.

Escucha, solo hay una persona en el comité de juicio, y ese soy yo. Yo soy el Único que puede mirar el interior de un corazón y ver sus motivaciones. Yo soy el Único que puede derramar gracia no diluida por prejuicios. Cuando juzgas a otro, solo terminas por juzgarte a ti mismo. Así que da a otras personas el beneficio de la duda y deja el juicio para mí.

Tu Padre de gracia,
>Dios.

=== ========

LA RECETA PARA UNA BUENA VIDA

En efecto, "el que quiera amar la vida y gozar de días felices, que refrene su lengua de hablar el mal y sus labios de proferir engaños; que se aparte del mal y haga el bien; que busque la paz y la siga".

1 Pedro 3:10-11

Querido hijo:

>¿Quieres una receta para una buena vida? Tengo una, pero no esperes algo sobrenatural. Es simple sentido común. Aquí está: no salga de tu boca murmuración dañina y charlas necias. Puedes herir a otras personas con tus palabras.

Cuando ves a tus amigos buscar problemas, gira y corre en otra dirección. No vale la pena ser parte de la multitud si la multitud está lista para arrojarse al precipicio. No se necesita un gran científico para descubrir que las elecciones imprudentes y peligrosas conducen a una vida imprudente y peligrosa.

De modo que huye de lo que es malo para ti, y vé tras lo que es bueno. Serás recompensado con paz y felicidad, y tus remordimientos serán pocos. ¡Confía en mí!

El autor del sentido común,
>Dios.

=== ========

TE ALENTARÉ

Mas bien, cuando des a los necesitados, que no se entere tu mano izquierda de lo que hace la derecha, para que tu limosna sea en secreto. Así tu Padre, que ve lo que se hace en secreto, te recompensará.

Mateo 6:3-4

Mi hijo:

>Jesús amaba ver a sus seguidores hacer buenas cosas a favor de otros, pero les advirtió no hacer alarde de ellas. Su advertencia está aún en vigencia.

No es necesario actuar como un súper santo para impresionar a otras personas. Guarda silencio por las cosas buenas que haces. Es más divertido de esa manera. Aun si nadie ve tus buenos actos, yo los notaré. Mis ojos de amor estarán sobre ti. Tus buenos actos serán nuestro secreto, el tuyo y el mío.

Yo te guardo y te animo, te doy la silenciosa recompensa de mi aprobación. ¡Yo te alentaré!

Tu Galardonador,
>Dios.

=== ========

JESÚS TE HIZO INOCENTE

Por lo tanto, ya no hay ninguna condenación para los que están unidos a Cristo Jesús, pues por medio de él la ley del Espíritu de vida me ha liberado de la ley del pecado y de la muerte.

Romanos 8:1-2

Mi hijo:

>Quiero hablarte acerca de algo profundo. A causa de que mi Hijo, Jesús, murió por todos tus pensamientos, palabras y acciones equivocadas, no eres culpable nunca más. Pero el diablo quiere que sientas culpa, de modo que te condena. En otras palabras, te hace sentir mal acerca de ti mismo por ninguna razón específica.

Algunas veces cuando haces algo incorrecto, haré que te sientas mal para que me digas que lo sientes. Pero nunca te haré sentir mal por quién eres. Eso es diferente. Amo quien eres tú, y si le has pedido a mi Hijo que viva en tu corazón, sentirás mi amor.

Quiero que seas libre de sentirte mal acerca de ti mismo y libre de hacer cosas malas. Esa es la razón por la que Jesús murió: ¡para hacerte libre! ¡Mi amor siempre te levantará!

El Señor de la libertad,
>Dios.

=== ========

LA SABIDURÍA ES COMO UN ACTO SABIO

Vale más la sabiduría que las piedras preciosas, y ni lo más deseable se le compara.

Proverbios 8:11

Querido hijo:

>Tú sabes, hay personas con mucho genio que no pueden tener un amigo o una cita. Ser inteligente y ser sabio son dos cosas diferentes. La sabiduría es conocerme y vivir como si yo tuviera el control. Es una de las características más valiosas y deseables para adquirir.

En la película *Forrest Gump,* Forrest es un niño un poco atrasado; pero su mamá lo ama y cree en él. Le dice: "Estúpido es hacer estupideces". Yo estoy de acuerdo. Continuaría diciendo: "La sabiduría es cuando se actúa sabiamente". Tú no tienes que sacarte todos "diez puntos" para ser sabio.

De modo que, ¿cómo un joven puede obtener sabiduría? Lee mi Biblia, particularmente el libro de Proverbios. Este te hará más sabio que algunos de tus maestros. No esperes a ser anciano y canoso para ser sabio. Busca la sabiduría ahora.

La fuente de toda sabiduría,
>Dios.

¿QUÉ QUIERES QUE HAGA POR TI?

–¿Qué quieres que haga por ti? –le preguntó [Jesús]. –Rabí, quiero ver –respondió el ciego. –Puedes irte –le dijo Jesús–; tu fe te ha sanado. Al momento recobró la vista y empezó a seguir a Jesús por el camino.

Marcos 10:51-52

Querido hijo:

>Mi Hijo tiene buenos modales. Nunca impondría su voluntad en tu vida, cambiando y reorganizando todo sin tu permiso. Espera ser invitado, y después espera escuchar lo que tú quieres.

"¿Que quieres que haga por ti?" le preguntó al ciego, y el ciego le respondió: "Maestro, quiero ver". Este hombre tuvo la fe suficiente para pedir lo que quería, de modo que Jesús no perdió el tiempo. Respondió a la petición del ciego inmediatamente, y el ciego recobró su vista. Y más que eso, comenzó a seguir a Jesús.

¿Qué quieres que haga Jesús por ti? ¿Quieres verlo? ¿Creer en Él? Esa es una pregunta que requiere respuesta. Todo lo que tienes que hacer es pedir.

Tu Padre,
>Dios.

=== =========

¿QUIÉN SOY PARA TI?

–Y ustedes, ¿quién dicen que soy yo?
–Tú eres el Cristo, el hijo del Dios viviente
–afirmó Simón Pedro.

Mateo 16:15-16

Mi querido hijo:

>Yo no soy un anciano de cabello gris, sentado en el cielo en un trono oxidado. ¡Estoy vivo! Soy una poderosa persona del tiempo presente, que te ama con un poderoso amor del tiempo presente. Yo fui, soy y seré para siempre. Soy la Palabra de verdad que no cambia.

Puedo decirte quién soy yo. Pero solo tú puedes decir quién seré para ti. Quiero ser tu Padre –un buen Padre que está involucrado en tu vida diaria– tu amigo –un amigo que conoce tus fuerzas y debilidades y siempre está de tu lado– tu Salvador –el que viene en tu rescate en los problemas de todos los días– y tu guía a través del intrincado laberinto de la vida. Es un llamamiento para ti. ¿Quién dices que soy yo?

El gran Yo Soy,
>Dios.

=== =========

TÚ PUEDES SER REAL CONMIGO

Hay amigos más fieles que un hermano.

Proverbios | 18:24b

Querido hijo mío:

>Todos necesitan un amigo con el que puedan ser reales, no ser falsos con ellos, no exagerar ni tratar de ser alguien que no somos, y sin esconder quién somos. Yo quiero ser ese amigo para ti.

Sé quién eres, y aún así me agradas. Me gusta la manera en que piensas, hablas y ríes. Me gusta tu sentido del humor. Quiero pasar tiempo contigo, solo tú y yo. No tienes que aprender alguna forma súper espiritual de orar. Solo ¡háblame! Quiero escuchar lo que tienes para decir. No tienes que actuar como un súper santo o como una persona perfecta. Solo sé totalmente honesto conmigo. Quiero estar contigo, no con algún personaje que has inventado para impresionarme.

Yo soy el Único que te creó –exactamente como eres– ¡y me gusta mi trabajo!

Tu amigo,
>Dios.

=== ========

SUMÉRGETE EN ORACIÓN

Así mismo, en nuestra debilidad el Espíritu acude a ayudarnos. No sabemos qué pedir, pero el Espíritu mismo intercede por nosotros con gemidos que no pueden expresarse con palabras

Romanos 8:26

Mi hijo:

>La oración es una aventura continua. Sumérgete en ella como lo harías en un río profundo y claro y ¡nada! No te preocupes acerca de cómo orar. Mi Espíritu estará allí para mantenerte a flote. Él es el compañero fundamental de oración. Él ora contigo, en ti y por ti.

Algunas veces tendrás un sentimiento de remordimiento de que hay algo por lo que necesitas orar, pero parece que no puedes dar en el blanco. Es ahí cuando el Espíritu Santo entra en acción. Él ve lo que está en tu corazón –todas las cosas que no puedes poner en palabras– entonces convierte tus suspiros en oraciones. Y aunque no puedas conocer exactamente lo que Él ora a través de ti, yo lo sabré. Y te responderé.

Tu compañero de oración,
>Dios.

=== =========

QUIERO QUE CONOZCAS A MIS AMIGOS

Si caen, el uno levantará al otro.
¡Ay del que cae y no tiene quien lo levante!

Eclesiastés 4:10

Mi hijo:

>Solo una palabra de consejo: haz buenos amigos. He diseñado a los humanos para que se necesiten el uno al otro. Nadie es lo suficiente fuerte para triunfar por sí mismo. Incluso los atletas profesionales tienen representantes y agentes. Necesitar amigos no te hace débil; solo te hace humano.

Puedes considerarlos buenos amigos por cómo te tratan cuando caes en la vida. ¿Tus actuales amigos te abandonan en los tiempos difíciles? Entonces necesitas nuevos amigos.

Una iglesia es un lugar donde mi familia se reúne para amarme y para amarse unos a otros. Una persona que me ama verdaderamente estará a tu lado cuando atravieses tiempos de dificultad. De hecho, tengo algunos nuevos e increíbles amigos que quiero que conozcas. Y ellos te necesitan tanto como tú a ellos.

Tu Amigo,
>Dios.

=== ========

ESTE ES MI MUNDO

Míos son los animales del bosque, y mío también el ganado de los cerros. Conozco a las aves de las alturas; todas las bestias del campo son mías (...) mío es el mundo, y todo lo que contiene.

Salmo 50:10-12

Mi hijo:

>La Tierra es mía, y yo creé todo lo que hay en ella. Personalmente he hecho cada átomo del universo. Y todo me pertenece, incluso las cosas que piensas que son tuyas.

La razón por la que te pido que me entregues tu tiempo y dinero es que esto nos prueba a ambos que me amas más que a lo que puedo darte. Sé que tus prioridades son cómo gastar tu tiempo y dinero. ¿Sabes lo que viene primero en tu vida?

Las buenas nuevas para ti es que te amo, y cuidaré de ti. No necesitas preocuparte por ir a la quiebra. ¡Tu Padre es dueño de todo!

El Creador,
>Dios.

=== =========

LA MEJOR COMIDA ES GRATIS

"¡Vengan a las aguas todos los que tengan sed!
¡Vengan a comprar y a comer los que no tengan dinero!
Vengan, compren vino y leche sin pago alguno.
¿Por qué gastan dinero en lo que no
es pan, y su salario en lo que no satisface?

Isaías 55:1-2a

Querido hijo:

>Un montón de personas piensan que convertirse en un hijo de Dios requiere seguir un manojo de imposibles reglas religiosas. "Sí", se quejan, "viviría para Dios, pero Él no me quiere, de todas maneras no puedo ser lo suficientemente bueno". ¡Qué mentira!

Lo gratis es de baja categoría. Pero mi don gratuito del cielo, donde vivirás con gozo por la eternidad, es el regalo más valioso que jamás recibirás. Todo lo que tienes que hacer para obtener el cielo es creer y seguir a mi Hijo, Jesús. Y para tener mi poder en tu vida, solo necesitas permitir a Jesús sentarse en el trono y tomar el control de tu vida. ¡Eso es todo! Simple, ¿no?

Para de comprar el pan hecho con el molde de este mundo, y ven a festejar mi amor por ti. ¡Es gratis!

Tu anfitrión,
>Dios.

=== ========

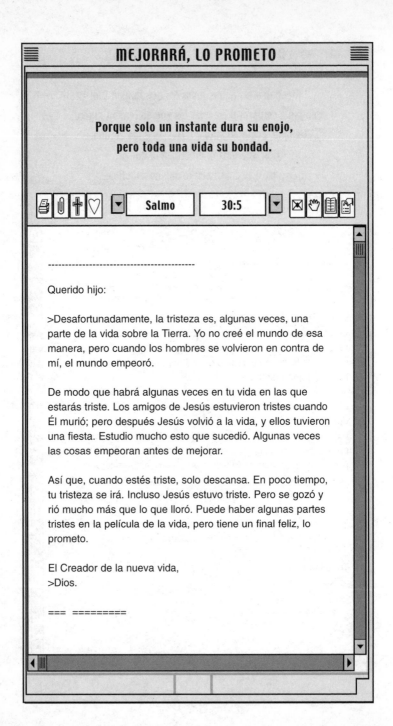

MEJORARÁ, LO PROMETO

**Porque solo un instante dura su enojo,
pero toda una vida su bondad.**

Salmo 30:5

Querido hijo:

>Desafortunadamente, la tristeza es, algunas veces, una parte de la vida sobre la Tierra. Yo no creé el mundo de esa manera, pero cuando los hombres se volvieron en contra de mí, el mundo empeoró.

De modo que habrá algunas veces en tu vida en las que estarás triste. Los amigos de Jesús estuvieron tristes cuando Él murió; pero después Jesús volvió a la vida, y ellos tuvieron una fiesta. Estudio mucho esto que sucedió. Algunas veces las cosas empeoran antes de mejorar.

Así que, cuando estés triste, solo descansa. En poco tiempo, tu tristeza se irá. Incluso Jesús estuvo triste. Pero se gozó y rió mucho más que lo que lloró. Puede haber algunas partes tristes en la película de la vida, pero tiene un final feliz, lo prometo.

El Creador de la nueva vida,
>Dios.

=== ========

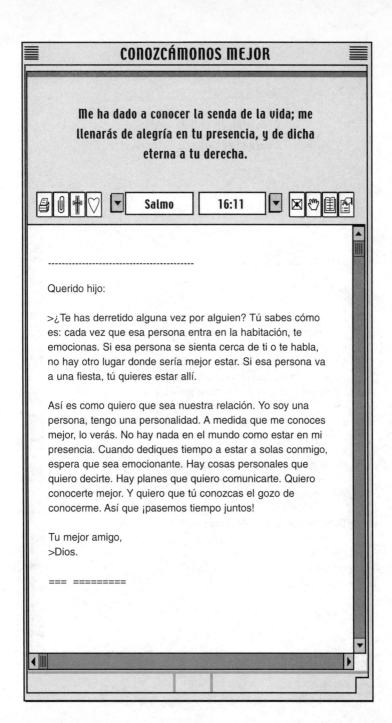

CONOZCÁMONOS MEJOR

Me ha dado a conocer la senda de la vida; me llenarás de alegría en tu presencia, y de dicha eterna a tu derecha.

Salmo 16:11

Querido hijo:

>¿Te has derretido alguna vez por alguien? Tú sabes cómo es: cada vez que esa persona entra en la habitación, te emocionas. Si esa persona se sienta cerca de ti o te habla, no hay otro lugar donde sería mejor estar. Si esa persona va a una fiesta, tú quieres estar allí.

Así es como quiero que sea nuestra relación. Yo soy una persona, tengo una personalidad. A medida que me conoces mejor, lo verás. No hay nada en el mundo como estar en mi presencia. Cuando dediques tiempo a estar a solas conmigo, espera que sea emocionante. Hay cosas personales que quiero decirte. Hay planes que quiero comunicarte. Quiero conocerte mejor. Y quiero que tú conozcas el gozo de conocerme. Así que ¡pasemos tiempo juntos!

Tu mejor amigo,
>Dios.

=== ========

VIVE SIN CUIDADOS

**Depositen en él toda ansiedad,
porque él cuida de ustedes.**

1 Pedro 5:7

Mi hijo:

>¿Está tu vida llena de preocupación? ¿Te encuentras estresado por alguna cosa que en el fondo es solo una insignificancia? Esa no es forma de vivir, mucho menos uno de mis hijos. Quiero que te levantes cada mañana sin preocupaciones, que conozcas la felicidad que viene naturalmente al hijo de un Padre amoroso.

¿Has notado cómo los bebes en los brazos de sus madres se tiran hacia atrás, seguros de que serán sostenidos? ¿O cómo los niños saltan de un lugar alto a los brazos de su padre y nunca dudan de que serán sujetados? Esa es la clase de confianza que quiero que tengas en mí. No te preocupes. ¡Sé feliz!

Tu Padre que te llena de gozo,
>Dios.

=== =========

NO DESMAYES

No nos cansemos de hacer el bien, porque a su debido tiempo cosecharemos si no nos damos por vencidos.

Gálatas 6:9

Mi hijo:

>Algunas veces la tentación de abandonar todo es abrumadora. Cuando te sientes abatido y cansado, parece que a nadie le importa si te sientes atendido o no. Bien, hay algo fuerte y claro que quiero que escuches: ¡A mí me importa! Nunca lo olvides, ni por un minuto.

En el medio de todos tus desafíos, yo estoy contigo. La vida es un conflicto entre el llamado a preocuparse por otros y hacer el bien, y la tentación a desistir. Si desistes dirías que nada importa y que la vida es un desperdicio. Cuando tú confías y continúas, afirmas mi llamado en tu vida a hacer una diferencia.

De modo que, cava muy profundo y plántate, arráigate. Te he cubierto, y no te dejaré ir. ¡No desmayes! Te amo.

Tu alentador,
>Dios.

=== =========

DI "SÍ" A LA VIDA

Pero él la tomo de la mano y le dijo: —¡Niña, levántate! Recobró la vida y al instante se levantó. Jesús mandó darle de comer.

Lucas 8:54-55

Querido hijo:

>Algunas veces la cosa más dura en el mundo no es enfrentar algún desafío grande y heroico. Algunas veces lo más duro es solo levantarse, vestirse y decir "sí" a la vida.

Cepillarte los dientes, tomar el desayuno y poner un pie delante del otro es difícil cuando quieres volver a cubrirte la cabeza con la manta. Es fácil desanimarte y sentir desgano de ti mismo o de la vida.

En días como estos, quiero que recuerdes cuánto creo en ti. En días como estos, quiero que escuches a mi Hijo, Jesús, decirte: "¡Levántate! Es un nuevo día, y estaré contigo en medio de todas las cosas". Si su amor fue lo suficientemente poderoso para levantar de la muerte a una niña, ¿no piensas que es lo suficientemente poderoso para darte la esperanza y energía que necesitas para hoy? Di "sí" a la vida.

Tu Dador de la vida,
>Dios.

=== ========

TÚ NO PUEDES, PERO YO SÍ PUEDO

Con tu apoyo me lanzaré contra un ejército; contigo, Dios mío, podré asaltar murallas.

Salmo 18:29

Mi hijo:

>Si tú haces lo posible, yo haré lo imposible. En mi libro, la Biblia, un soldado llamado Jonatán rastreó un inmenso ejército de soldados enemigos y los derrotó solo con la ayuda de su escudero. ¡Dos hombres vencieron a un ejército entero!

¿Era Jonatán Súperman o Rambo? No, era un soldado decente, era solo una persona. Jonatán hizo lo que sabía que era correcto. Luchó contra el enemigo. Yo hice el resto.

Si tú te paras y haces lo que sabes que necesita ser hecho, terminaré la obra que comenzaste en mi nombre. ¿Hay personas hambrientas en tu ciudad? Comienza a alimentar a algunas de ellas, y yo te ayudaré a alimentar al resto. Te diré que hagas cosas que tú no puedes hacer. Pero no temas. Si tú lo empiezas, yo lo terminaré.

Tu General,
>Dios.

=== =========

¿QUIÉN MÁS ES COMO YO?

Señor, nosotros mismos hemos aprendido que no hay nadie como tú , y que aparte de ti no hay Dios.

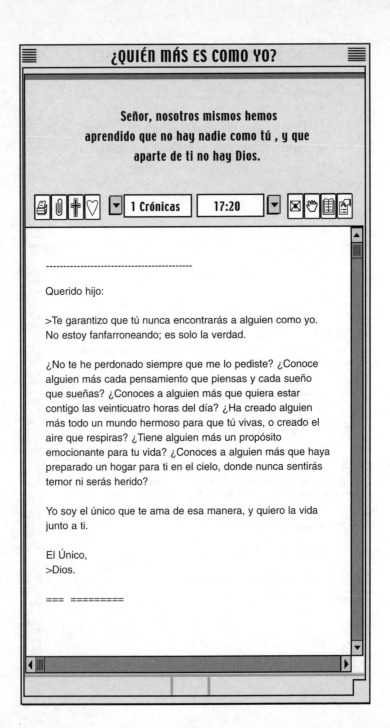

1 Crónicas | 17:20

Querido hijo:

>Te garantizo que tú nunca encontrarás a alguien como yo. No estoy fanfarroneando; es solo la verdad.

¿No te he perdonado siempre que me lo pediste? ¿Conoce alguien más cada pensamiento que piensas y cada sueño que sueñas? ¿Conoces a alguien más que quiera estar contigo las veinticuatro horas del día? ¿Ha creado alguien más todo un mundo hermoso para que tú vivas, o creado el aire que respiras? ¿Tiene alguien más un propósito emocionante para tu vida? ¿Conoces a alguien más que haya preparado un hogar para ti en el cielo, donde nunca sentirás temor ni serás herido?

Yo soy el único que te ama de esa manera, y quiero la vida junto a ti.

El Único,
>Dios.

=== =========

ESTE NO ES UN CLUB SECRETO

Los he llamado amigos, porque todo lo que a mi Padre le oí decir, se lo he dado a conocer a ustedes.

Juan 15:15b

Querido hijo:

>Cuando las personas hablan a tus espaldas, ¿no sientes odio? Es como si dijeran: "Oh, es solo una broma; tú no lo entenderías". No hay nada peor que ser dejado afuera de un grupo cuando tú quieres encajar en él.

Pero he aquí buenas nuevas: Jesús no quiere tener secretos contigo. Él vino a la Tierra para poderte decir cada cosa simple acerca de mí. Vino para contarte acerca del cielo. Vino para hablar de mi amor para contigo.

El cristianismo no es un club secreto y exclusivo. Todo lo que tienes que hacer es querer unirte, y lo estarás. Te he elegido para que pertenezcas a él. Envié a mi Hijo para invitarte. Ven y ¡únete a nosotros!

Tu Amigo,
>Dios.

=== ========

Torre inexpugnable es el nombre del Señor; a ella corren los justos y se ponen a salvo.

Proverbios 18:10

Mi hijo:

>¿Dónde corren los hombres buenos en las películas cuando el enemigo asalta el castillo? Los caballeros suben el puente levadizo, corren hacia la torre interna y esperan. Cuando tu enemigo está al acecho, algunas veces lo mejor es correr.

El diablo es un sujeto muy listo, y si tratas de derrotarlo con tus propias fuerzas, probablemente fracasarás. Él conoce tus puntos débiles. Sabe cómo tentarte. Cuando te sientas como que estás bajo ataque y las cosas se enloquecen en tu vida, corre hacia mí. Yo pelearé la batalla por ti.

Algunas veces la mejor ofensiva es una buena defensa. Cuando te sientas débil, corre al interior de la torre. Mientras oras a mí y lees mi Palabra, yo te guardaré de tus enemigos. ¡Corre hacia mí!

Tu Torre fuerte,
>Dios.

=== ========

INVIERTE EN AMISTADES FUERTES

El hierro se afila con el hierro, y el hombre en el trato con el hombre.

Proverbios 27:17

Querido hijo:

>Algunos "amigos" te marean si tan solo giran en tu derredor. Son personas que malgastan el tiempo; no se ocupan de sus propias cosas. Sus pensamientos son negativos, sus metas son superficiales y sus ideas son débiles.
Otros, en cambio, te provocan a ser inteligente y te obligan a ser brillante. Ellos conocen lo que importa y de lo que se trata la vida. No temen tomar una posición en temas espirituales, en cuestiones que tienen valor. Tú te conviertes en una mejor persona solo por estar con ellos. Sus fuerzas aguzan tu carácter, y mientras tú te vuelves más fuerte, tus fuerzas aguzan las de ellos.

Invierte tu tiempo, energía y amistad en esta segunda clase de amigos. No te arrepentirás.

Tu mejor amigo,
>Dios.

=== ========

SÉ CREATIVO

Canten al Señor un cántico nuevo; canten al Señor, habitantes de toda la tierra.

Salmo 96:1

Mi hijo:

>¿Has visto alguna vez la misma puesta de Sol dos veces? Esto nunca ha ocurrido y nunca ocurrirá. Tengo millones de ellas. Nunca me agoto de nuevas creaciones. Te hice a mi imagen y quiero que seas creativo como lo soy yo.

Haz nuevas oraciones. Canta nuevas canciones. Es grandioso tener oraciones y cánticos que otras personas han escrito. Ayudan cuando tú no puedes pensar en algo nuevo para orar o cantar. Pero sal de ti mismo y cántame una nueva canción. No importa cómo suene. Solo canta lo que está en tu corazón. Sonará grandioso para mí, y tú te sentirás mejor también. Sé creativo. Yo lo soy.

Tu Creador,
>Dios.

=== =========

**El que con lágrimas siembra,
con regocijo cosecha.**

Salmo 126:5

Mi hijo:

>¿Conoces la historia de "la pequeña gallina roja"? Ella seguía rompiéndose la espalda para cocinar una torta. Ninguno de sus amigos la ayudaba, pero ella no permitiría que eso la detuviera. Finalmente, la torta fue terminada y todos sus amigos querían una porción. Pero ella dijo: "¡De ninguna manera! ¡Trabajé en esta torta; ahora es mi tiempo para disfrutar de ella!"

Mi hijo Noé actuó de la misma manera. Le advertí del diluvio y le dije que construyera un gran barco. De modo que estuvo muy ocupado. Hubo solo un problema: hasta ese momento no había llovido ni una vez sobre la Tierra. Noé estaba confuso: no había agua en vista. Sus amigos pensaban que era un idiota. Pero cuando vino el diluvio, se ahogaron.

Así que, si te digo que hagas algo, solo confía y hazlo. Créeme, ¡estarás contento de haberlo hecho!

Tu compañero de trabajo,
>Dios.

=== =========

COMIENZA CON EL PIE DERECHO

Sácianos de tu amor por la mañana, y toda nuestra vida cantaremos de alegría.

Salmo 90:14

Querido hijo mío:

>Algunas personas son madrugadoras. Se levantan temprano y con energía, toman un desayuno y salen. Otras son nocturnas, realmente no se mueven hasta la medianoche y tienen sus mejores pensamientos tarde en la noche.

¿Cuál soy yo? Soy ambas, porque nunca duermo. Pienso en la noche, y me levanto temprano en la mañana. Seas una persona madrugadora o una persona nocturna, aquí está mi sugerencia: justo cuando salís de la cama, tómate un tiempo para entregarme tu día. Si comienzas tu día conmigo, seguramente será mejor. Cuando recuerdes que yo tengo todo bajo control, estarás mucho más gustoso de pedir mi ayuda durante el día. Inténtalo.

El inventor del tiempo,
>Dios.

=== =========

¡ESTE LIBRO ES PARA TI!

Ciertamente, la palabra de Dios es viva y poderosa, y más cortante que cualquier espada de dos filos. Penetra hasta lo más profundo del alma y del espíritu, hasta la médula de los huesos, y juzga los pensamientos y las intenciones del corazón.

Hebreos 4:12

Mi hijo:

>La Biblia no es un libro más. ¡Es mi Palabra, y mi Palabra es vida con poder! A través de sus páginas puedo enseñarte, ayudarte, confortarte y hacerte fuerte. Mi Palabra es un vaso de agua helada cuando estás sediento o un lugar seguro cuando tienes miedo. Es un hogar cálido cuando tienes frío o un mapa cuando estás perdido.

Puedes saber lo que está en otros libros, pero ¡mi Palabra es un libro que sabe lo que está en ti! Por lo tanto léelo cuando necesites sabiduría o esperanza. Abre sus páginas cada día, y comenzarás a ver que mi Palabra es para ti, justo donde estás... hoy.

Tu Padre y Amigo,
>Dios.

=== =========

ERES SAL Y LUZ

Ustedes son la sal de la tierra (...)
Ustedes son la luz del mundo.

Mateo 5:13a-14a

Querido hijo:

>¿Has probado alguna vez una comida sin sal? Es desabrida. Eso es lo que las personas prueban cuando están en una dieta de vida diaria sin mi amor. Mi amor agrega el sabor que hace a la vida deliciosa y sabrosa. Cuando me sigues, eres la sal para un mundo desabrido, insulso.

¿Has caminado en una habitación a oscuras y a tientas hasta encontrar la perilla de la luz? Así es como muchas personas se sienten cada día en un mundo sin mi luz. Cuando crees en mi, te conviertes en luz, y esa luz –mi luz– resplandece en la oscuridad para que las personas no se tropiecen y caigan.

Debes llevar la luz de mi verdad para que resplandezca en las verdades a medias y en las mentiras que abundan en este mundo. ¿Serás mi sal y mi luz?

La luz del mundo,
>Dios.

=== =========

UN PASTOR CON UN PLAN

Antes eran ustedes como ovejas descarriadas, pero ahora han vuelto al Pastor que cuida de sus vidas.

1 Pedro 2:25 | El Mensaje

Querido hijo:

>Imagínate un camino difícil, peligroso y duro que va hacia las escarpadas colinas donde viven los animales salvajes. Ahora imagínate a ti mismo tan indefenso como un cordero –sin armas, sin mapa y sin guía– sin saber dónde estás o hacia dónde vas.

¡No es una imagen confortante! Pero es un retrato bastante certero de ti antes de que Jesús entrara a tu vida. ¡Qué imagen diferente Él quiere pintar en tu vida, si se lo permites! Él te conoce, te ama y tiene una nueva vida para ti. Tiene un camino entre esas montañas peligrosas. Quiere guiarte a un lugar de paz, gozo y felicidad, junto a mí.

Jesús es tu pastor, y espera que le permitas guiarte. ¿No confiaras en Él, no lo seguirás?

Tu Padre,
>Dios.

=== =========

ESPERO SER ENCONTRADO

"Pidan, y se les dará; busquen, y encontrarán; llamen, y se les abrirá. Porque todo el que pide, recibe; el que busca, encuentra; y al que llama, se le abre."

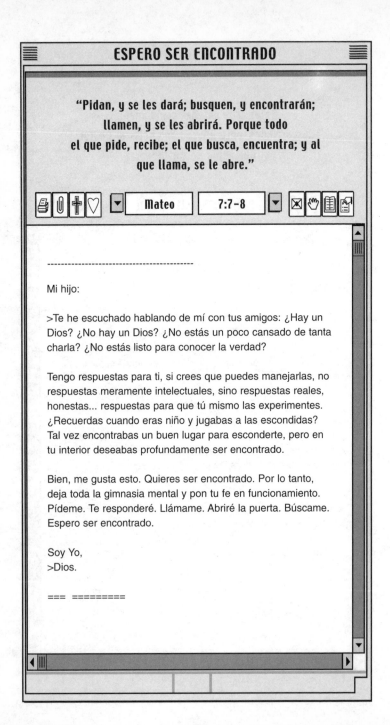

Mateo 7:7-8

Mi hijo:

>Te he escuchado hablando de mí con tus amigos: ¿Hay un Dios? ¿No hay un Dios? ¿No estás un poco cansado de tanta charla? ¿No estás listo para conocer la verdad?

Tengo respuestas para ti, si crees que puedes manejarlas, no respuestas meramente intelectuales, sino respuestas reales, honestas... respuestas para que tú mismo las experimentes. ¿Recuerdas cuando eras niño y jugabas a las escondidas? Tal vez encontrabas un buen lugar para esconderte, pero en tu interior deseabas profundamente ser encontrado.

Bien, me gusta esto. Quieres ser encontrado. Por lo tanto, deja toda la gimnasia mental y pon tu fe en funcionamiento. Pídeme. Te responderé. Llámame. Abriré la puerta. Búscame. Espero ser encontrado.

Soy Yo,
>Dios.

=== =========

¡HAZLO!

Que nadie te menosprecie por ser joven. Al contrario, que los creyentes vean en ti un ejemplo a seguir en la manera de hablar, en la conducta y en amor, fe y pureza.

1 Timoteo 4:12

Mi hijo:

>No tienes que esperar hasta los treinta para hacer cosas grandes. Mira a todos los jóvenes en la Biblia que lograron maravillas para mí.

David mató a Goliat cuando todos los hombres mayores de Israel eran débiles. El joven Samuel escuchó mi voz mientras todos los adultos dormían. María aceptó ser la madre de mi Hijo, a pesar de ser joven y soltera.

Obraré mis milagros en quien crea en mi Palabra y en quien obedezca mi voz. ¡Créeme, si hubiese esperado hallar al cristiano perfecto y maduro, nunca hubiera hecho nada! No importa la edad que tengas, tú puedes hacer grandes cosas a través de Cristo. Yo creo en ti. Por lo tanto ¡hazlo!

Aquel que cree en ti,
>Dios.

=== =========

¿NO VOTAS POR DIOS?

Pues la locura de Dios es más sabia que la sabiduría humana, y la debilidad de Dios es más fuerte que la fuerza humana.

1 Corintios 1:25

Hijo mío:

>Soy la persona más inteligente que conocerás. Soy más fuerte que el hombre más fuerte. Por lo tanto no tengo que demostrárselo a nadie. ¿Quién es lo suficientemente inteligente como para juzgarme? ¿Quién es lo suficientemente fuerte como para pelear conmigo? Aunque intenté razonar con las personas en la historia, ellas no me escucharon. Aunque me expliqué perfectamente y gané cada argumento, no les importó.

Por eso, en vez de discutir elegí enviar a mi Hijo a morir por ti. Su amor explica quién soy yo. Jesús en la cruz es una prueba de que existo y de que te amo. Espero que puedas creer esto, porque es verdad. Soy quien soy.

El Todopoderoso,
>Dios.

=== ========

¿INDIFERENTE EN MEDIO DE LA MULTITUD?

Mientras caminaba junto al mar de Galilea, Jesús vio a dos hermanos: uno era Simón, llamado Pedro, y el otro Andrés. Estaban echando la red al lago, pues eran pescadores. "Vengan, síganme –les dijo Jesús– y los haré pescadores de hombres." Al instante dejaron las redes y lo siguieron.

Mateo 4:18-20

Mi hijo:

>¿Algunas veces deseaste no ser parte de la multitud, sino ser realmente diferente y ser visto como alguien especial? Jesús y sus amigos no fueron exactamente parte de un grupo diferente.

Algunas personas podrían haberlos visto como repulsivos, pero no lo eran. Vi un grupo de hombres y mujeres comunes de todas las edades que no tenía miedo de admitir que no lo tenían todo. Querían más en la vida que fingir que todo estaba bien. Estaban gustosos de seguir a Jesús porque querían una vida auténtica.

Jesús todavía busca la misma clase de amigos, aquellos que transmitan sentimientos verdaderos, que le lleven los problemas reales, que le permitan saber quiénes realmente son para que Él pueda ser parte de sus vidas. ¿Qué piensas? ¿Podrías encajar en la multitud de Jesús?

Su Padre y el tuyo,
>Dios.

=== ========

INTENTÁ ORAR

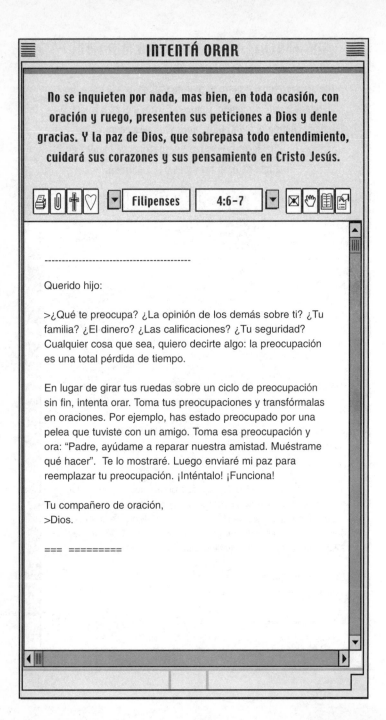

No se inquieten por nada, mas bien, en toda ocasión, con oración y ruego, presenten sus peticiones a Dios y denle gracias. Y la paz de Dios, que sobrepasa todo entendimiento, cuidará sus corazones y sus pensamiento en Cristo Jesús.

Filipenses 4:6-7

Querido hijo:

>¿Qué te preocupa? ¿La opinión de los demás sobre ti? ¿Tu familia? ¿El dinero? ¿Las calificaciones? ¿Tu seguridad? Cualquier cosa que sea, quiero decirte algo: la preocupación es una total pérdida de tiempo.

En lugar de girar tus ruedas sobre un ciclo de preocupación sin fin, intenta orar. Toma tus preocupaciones y transfórmalas en oraciones. Por ejemplo, has estado preocupado por una pelea que tuviste con un amigo. Toma esa preocupación y ora: "Padre, ayúdame a reparar nuestra amistad. Muéstrame qué hacer". Te lo mostraré. Luego enviaré mi paz para reemplazar tu preocupación. ¡Inténtalo! ¡Funciona!

Tu compañero de oración,
>Dios.

=== =========

HACÉ RUIDO

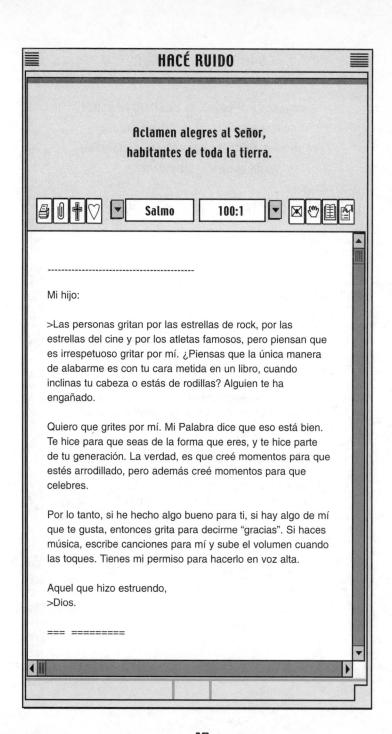

Aclamen alegres al Señor,
habitantes de toda la tierra.

Salmo 100:1

Mi hijo:

>Las personas gritan por las estrellas de rock, por las estrellas del cine y por los atletas famosos, pero piensan que es irrespetuoso gritar por mí. ¿Piensas que la única manera de alabarme es con tu cara metida en un libro, cuando inclinas tu cabeza o estás de rodillas? Alguien te ha engañado.

Quiero que grites por mí. Mi Palabra dice que eso está bien. Te hice para que seas de la forma que eres, y te hice parte de tu generación. La verdad, es que creé momentos para que estés arrodillado, pero además creé momentos para que celebres.

Por lo tanto, si he hecho algo bueno para ti, si hay algo de mí que te gusta, entonces grita para decirme "gracias". Si haces música, escribe canciones para mí y sube el volumen cuando las toques. Tienes mi permiso para hacerlo en voz alta.

Aquel que hizo estruendo,
>Dios.

=== ========

GUARDO TU ESPALDA

**El remanente de Israel; no cometerá iniquidad,
no dirá mentiras, ni se hallará engaño
en su boca. Pastarán y se echarán a descansar
sin que nadie los espante.**

Sofonías 3:13

Querido hijo mío:

>En el cielo nadie tiene miedo. Nadie disparará contra ti allí, porque tu cuerpo será espiritual, no físico. Nadie te derribará, porque en el cielo no hacemos eso. Nadie te dañará de ninguna manera.

En la Tierra algunas veces necesitas estar a la defensiva. Existen personas en las que no puedes confiar. Pero en el cielo podrías dormir una siesta en medio de la calle, que nadie te molestaría. La razón es que yo controlo lo que entra en el cielo y mantengo la maldad afuera.

Quiero que hagas lo mismo aquí en la Tierra. Quiero protegerte y defenderte. Déjame tomar el control de tu vida ahora. Confía en mí para mantenerte seguro.

Tu Guardián,
>Dios.

=== ========

SIGUE AL AMOR

Empéñense en seguir el amor y ambicionen los dones espirituales, sobre todo el de profecía.

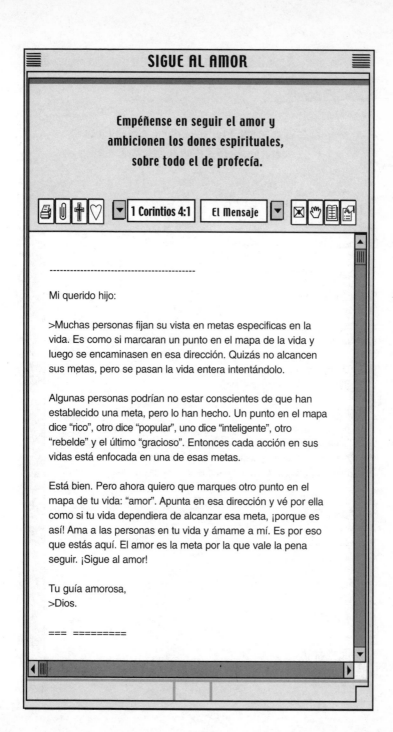

1 Corintios 4:1 | El Mensaje

Mi querido hijo:

>Muchas personas fijan su vista en metas especificas en la vida. Es como si marcaran un punto en el mapa de la vida y luego se encaminasen en esa dirección. Quizás no alcancen sus metas, pero se pasan la vida entera intentándolo.

Algunas personas podrían no estar conscientes de que han establecido una meta, pero lo han hecho. Un punto en el mapa dice "rico", otro dice "popular", uno dice "inteligente", otro "rebelde" y el último "gracioso". Entonces cada acción en sus vidas está enfocada en una de esas metas.

Está bien. Pero ahora quiero que marques otro punto en el mapa de tu vida: "amor". Apunta en esa dirección y vé por ella como si tu vida dependiera de alcanzar esa meta, ¡porque es así! Ama a las personas en tu vida y ámame a mí. Es por eso que estás aquí. El amor es la meta por la que vale la pena seguir. ¡Sigue al amor!

Tu guía amorosa,
>Dios.

=== ========

LUZ, CÁMARA, ACCIÓN

Podrán caer mil a tu izquierda, y diez mil a tu derecha, pero a ti no te afectará.

Salmo **91:7**

Querido hijo:

>¿No son ridículas algunas películas de acción? El héroe atraviesa entre piedras que caen, entre disparos de armas de fuego y entre explosiones, pero nunca se lastima. Mientras tanto, todo lo que el héroe hace es mirar a los malos, y caen muertos.

Extraño como parece, quiero que pienses tu vida como una película de acción. Yo soy el director y tú eres el héroe. Mientras vayas a donde yo –el director– te diga, todo andará bien. Escúchame, y déjame guiarte a través de los campos minados de tu vida. ¡Luego come tus rosetas de maíz!

Tu Director,
>Dios.

=== =========

Cuando cruces las aguas, yo estaré contigo; cuando cruces los ríos, no te cubrirán sus aguas; cuando camines por el fuego, no te quemarás ni te abrasarán las llamas. Yo soy el Señor, tu Dios, el Santo de Israel, tu salvador.

Isaías 43:2-3a

Querido hijo:

>Una vez, tres hombres –Sadrac, Mesac y Abed-nego– fueron arrojados a un horno ardiente. El rey quería quemarlos porque no lo reverenciaron ni lo alabaron. El fuego se suponía que los quemaría, ¡pero no lo hizo! ¡Sus ropas ni siquiera olían a quemado cuando salieron del horno! Ellos eran mis hijos y yo los protegí.

Ahora bien, si pude proteger a tres hombres del fuego, ¡piensa lo que puedo hacer por ti! ¿Se burlan las persona de ti cuando les hablas de mi Hijo o de mí? ¿Existe algún área de tu vida en la que te sientas vulnerable o sin protección? ¿Están tus emociones fuera de control? Ora y pídeme que te libere del fuego. Yo lo haré. Solo observa.

Tu Libertador,
>Dios.

=== ========

¡TAMBIÉN AMO LAS OLLAS VIEJAS!

Pero tenemos este tesoro en vasos de barro para que se vea que tan sublime poder viene de Dios y no de nosotros.

2 Corintios 4:7

Querido hijo:

>Cuando crees en mí, yo vivo mi vida en ti. Una de mis cosas favoritas es vivir en muchas personas. Entonces el mundo me ve en una asombrosa variedad de personas: grandes, pequeños, jóvenes, ancianos, altos, bajos, educados o analfabetos. Es como derramar un líquido delicioso y rico en una colección de diferentes recipientes: tazas chinas de café, ollas de barro, vasos de plástico, jarros de cristal y distintas vasijas. Todos son llenos con la misma sustancia –mi Espíritu– pero cada uno es único.

Algunos de los recipientes incluso tienen roturas y grietas. ¡Pero también amo las ollas viejas! ¡Ellas permiten que mi Espíritu se divulgue en todas las personas que las rodean! Déjame llenarte para desbordarte.

Tu fuente y suministro,
>Dios.

=== =========

VEN Y CONÓCEME

"¿Quién puede atrapar el viento en su puño o envolver el mar en su manto? ¿Quién ha establecido los límites de la tierra? ¿Quién conoce su nombre o el de su hijo?"

Proverbios | 30:4b

Querido hijo mío:

>Las creaciones artísticas pueden ser hermosas. Los avances técnicos en comunicación pueden ser admirables. Pero los misterios más profundos del universo pueden solamente ser entendidos cuando me conoces.

Tus niveles más profundos de creatividad se extenderán y crecerán a medida que me alabes y pases tiempo en mi presencia. Soy el único que ha encerrado al viento en el puño de mi mano. Yo he formado los océanos y he creado todas las cosas vivientes. Y el gozo más grande de mi corazón es formar una amistad con mis hijos.

Hablemos hoy, y te trasmitiré mi conocimiento contigo.

El Creador de todo conocimiento,
>Dios.

=== ========

CELEBRA QUE ERES ÚNICO

¿Qué tienes que no hayas recibido? Y si lo recibiste, ¿por qué presumes como si no te lo hubieran dado?

1 Corintios 4:7 | El Mensaje

Querido hijo mío:

>No existe pérdida de tiempo más grande que compararte a ti mismo con los demás. Alguien siempre lucirá mejor que tú, y eso solo te hará sentir celoso. O alguien lucirá peor, y eso te hará sentir orgulloso y superior. Créeme, no necesitas esas malas actitudes. Ellas asfixiarán tu gozo como la arena al fuego.

Escucha: te hice quien eres. ¡No tienes precio! Te di dones maravillosos, y solamente tú puedes llevar a cabo mi plan para ti. Así como cada copo de nieve es diferente, cada persona es única y preciosa para mí. Y así como hice miles de especies de peces y flores en cada color del arco iris, así creé personas de razas y colores diferentes. ¡Amo la variedad! ¡Celebra quién eres!

Tu Único Creador,
>Dios.

=== =========

NUNCA TE DEJARÉ CAER

El Señor mismo marchará al frente de ti y estará contigo; nunca te dejará ni te abandonará. No temas ni te desanimes.

Deuteronomio 31:8

Querido hijo:

>Nada lastima más que un buen amigo que actúa como un enemigo, o que alguien de quien tú dependes te deje caer.

Jesús entiende este sentimiento. Sus amigos lo dejaron caer en grandes maneras. Judas lo vendió a las autoridades romanas por dinero. Cuando Él estaba enfrentando el momento más difícil de su vida –su juicio y crucifixión– le pidió a sus amigos que permanecieran despiertos con Él, pero todos se durmieron. Después de haber sido arrestado, vio a Pedro, uno de sus mejores amigos, mentir acerca de su amistad, ¡negó tres veces, dijo que no conocía quién era Jesús!

Cuando te sientas desilusionado por tus amigos, esto te ayudará a recordar que ellos son solamente humanos, y los seres humanos algunas veces te dejan caer. Pero mi amor es más grande. Yo nunca te dejaré caer.

Tu amigo para siempre,
>Dios.

=== ========

CAMINA MÁS DESPACIO Y ESCUCHA

**"Quédense quietos,
reconozcan que yo soy Dios."**

Salmo 46:10a

Mi hijo:

>Siempre estás en movimiento, haces las tareas de la casa, hablas por teléfono, pasas tiempo con amigos, te pones al día con lo apurado y ruidoso de tu vida.

¿Sabes que yo también quiero ser tu amigo? Tengo cosas para decirte, secretos para contarte. Es por eso que quiero que camines más despacio y escuches. Apaga la compactera y la televisión por un rato. Deja de dar vueltas. Cuando estés tranquilo, le hablaré a tu corazón. Cuando estés callado, sentirás mi amor.

Soy real. Sé lo que piensas justo en este momento, y me gustaría hablar contigo sobre eso. Entonces, esperaré a que te calles y me conozcas.

Tu amigo siempre presente,
>Dios.

=== =========

CONOZCO EL CAMINO

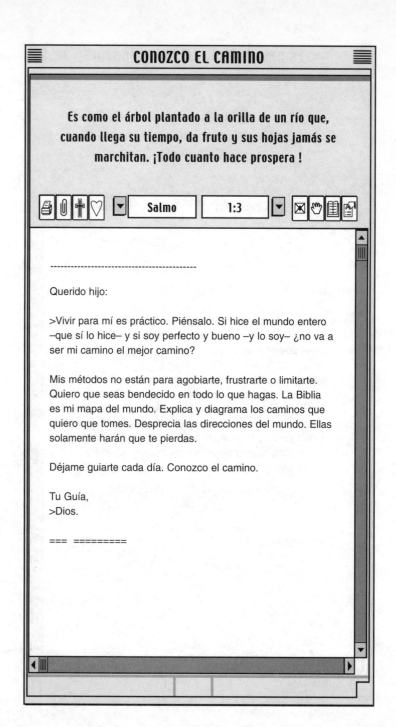

Es como el árbol plantado a la orilla de un río que, cuando llega su tiempo, da fruto y sus hojas jamás se marchitan. ¡Todo cuanto hace prospera !

Salmo 1:3

Querido hijo:

>Vivir para mí es práctico. Piénsalo. Si hice el mundo entero –que sí lo hice– y si soy perfecto y bueno –y lo soy– ¿no va a ser mi camino el mejor camino?

Mis métodos no están para agobiarte, frustrarte o limitarte. Quiero que seas bendecido en todo lo que hagas. La Biblia es mi mapa del mundo. Explica y diagrama los caminos que quiero que tomes. Desprecia las direcciones del mundo. Ellas solamente harán que te pierdas.

Déjame guiarte cada día. Conozco el camino.

Tu Guía,
>Dios.

=== ========

ES DESCRIPCIÓN DE MI TRABAJO

Pero tú no los abandonaste porque eres Dios perdonador, clemente y compasivo, lento para la ira y grande en amor.

Nehemías 9:17b

Mi hijo:

>He notado que algunas veces cuando te sientes rendido, intentas evitarme. Preferirías mantener tu distancia, porque no quieres enfrentar mi enojo.

Hay algo que quiero que entiendas. No importa cuán mal estés. Perdonarte es parte de la descripción de mi trabajo. Soy un Dios de perdón: ese soy Yo. Tú eres mi hijo. Mi amor y mi misericordia están siempre a tu alcance. Cuando haces una mala elección y te entierras en un montón de problemas, yo estoy de pie y espero oírte pedir mi ayuda y mi perdón. Por lo tanto pide... por favor. Verás. No te abandonaré.

Tu Perdonador,
>Dios.

=== ========

¿QUÉ SIGNIFICA?

Jesús salió cargando su propia cruz hacia el lugar de la Calavera (que en arameo se llama Gólgota). Allí lo crucificaron, y con él a otros dos, uno a cada lado y Jesús en medio.

Juan 19:17-18

Querido hijo:

>¿Has notado cuántas personas usan una cruz como joya? Ves collares con cruces y aros con cruces: unos de oro y otros de plata, unos finos y otros de fantasía. De hecho, las cruces son accesorios tan comunes que realmente dejamos de pensar en lo que significan.

Para las personas en los días de Jesús, usar una cruz como condecoración ¡sería para ti usar una pequeña silla eléctrica en una cadena alrededor de tu cuello, o un pelotón de fusilamiento colgando de tus orejas! No era la cruz un ornamento brillante que pudieras llevar en la palma de tu mano. Era un instrumento duro y pesado de tortura que Jesús tuvo que llevar sobre su espalda. Era un mecanismo espantoso de muerte en el que Él fue clavado. Eso le costó todo.

¡Y ahora es un símbolo de victoria! La cruz está vacía porque Jesús se levantó de la muerte y está sentado a mi derecha en el cielo. Es un símbolo que significa todo para mí.

Tu Padre,
>Dios.
=== ========

Dispones ante mí un banquete en presencia de mis enemigos. Has ungido con perfume mi cabeza; has llenado mi copa a rebosar.

Salmo 23:5

Mi hijo:

>¿Tienes exámenes finales, problemas y caos en este momento? ¿Has tenido que comer corriendo? Tal vez llegabas tarde a la escuela, y por eso tuviste que tomar tu desayuno mientras ibas hacia la puerta.

Las personas que no confían en mí están siempre apurados: trabajan, se esfuerzan, intentan que pronto pase cualquier cosa que temen. Pero cuando tú te pones en mis manos, puedes relajarte. Te instaré a levantarte un poco más temprano para pasar tiempo conmigo, y te daré paz.

Justo en el medio del huracán de negocios del mundo, te brindaré una silla, una comida. Si te haces tiempo en tu día para detenerte y disfrutar nuestra relación, yo cuidaré las cosas por las que estás preocupado. Disfrútame aun en el ojo de la tormenta.

Tu paz,
>Dios.

=== =========

LO QUE ES EL AMOR

El amor es paciente, es bondadoso. El amor no es envidioso ni jactancioso ni orgulloso. No se comporta con rudeza, no es egoísta, no se enoja fácilmente, no guarda rencor. El amor no se deleita en la maldad sino que se regocija con la verdad. Todo lo disculpa, todo lo cree, todo lo espera, todo lo soporta.

1 Corintios 13:4-7

Mi jovencito:

>El amor es más que un sentimiento casual. Es más que una relación física. Es compromiso, honor y cuidado.

El amor es un corredor que nunca abandona su carrera, a pesar de estar exhausto. El amor es un soldado que le ofrece su abrigo a su amigo, a pesar de estar congelándose. El amor es la esposa pobre que visita la casa de su vecina rica y no piensa "Desearía que esto fuese todo mío". El amor es la estrella de fútbol que gana un trofeo, pero no fanfarronea por él con sus amigos que no son atletas. El amor es un conductor que espera en el semáforo, pero deja que otro auto tome la delantera. El amor es el padre que puede disciplinar a sus hijos con honradez y sin enojo. El amor se alegra cuando la verdad es dicha, y celebra el bien que reciben los demás.

El amor es una canción que nunca termina.

Tu Amor,
>Dios.

=== ========

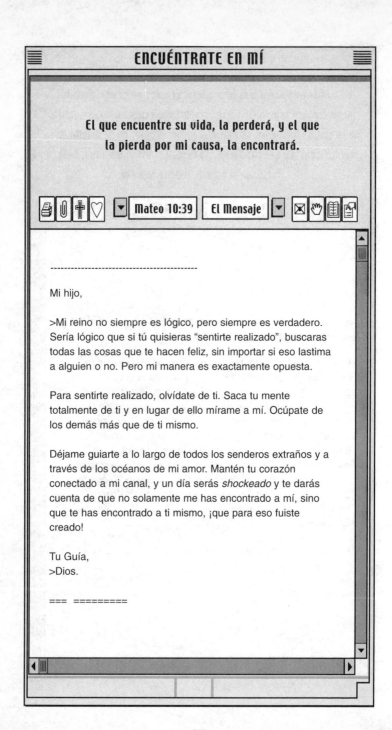

ENCUÉNTRATE EN MÍ

El que encuentre su vida, la perderá, y el que la pierda por mi causa, la encontrará.

Mateo 10:39 | El Mensaje

Mi hijo,

>Mi reino no siempre es lógico, pero siempre es verdadero. Sería lógico que si tú quisieras "sentirte realizado", buscaras todas las cosas que te hacen feliz, sin importar si eso lastima a alguien o no. Pero mi manera es exactamente opuesta.

Para sentirte realizado, olvídate de ti. Saca tu mente totalmente de ti y en lugar de ello mírame a mí. Ocúpate de los demás más que de ti mismo.

Déjame guiarte a lo largo de todos los senderos extraños y a través de los océanos de mi amor. Mantén tu corazón conectado a mi canal, y un día serás *shockeado* y te darás cuenta de que no solamente me has encontrado a mí, sino que te has encontrado a ti mismo, ¡que para eso fuiste creado!

Tu Guía,
>Dios.

=== =========

AMOR VERDADERO

Ofrézcanse (...) a Dios como quienes han vuelto de la muerte a la vida, presentando los miembros de su cuerpo como instrumentos de justicia.

Romanos 6:13b

Mi hijo:

>Quiero todo de ti: cuerpo, alma y espíritu, como un marido quiere todo de su esposa. Cuando te casas, tú y tu cónyuge se pertenecen. Un buen matrimonio está construido sobre el experimentar en unión cada aspecto de la vida.

De la misma manera, si tú quieres tener una relación conmigo, te pido que te entregues por completo a mí. Si tu mente dice: "Te amo, Dios", pero continúas usando tu cuerpo de maneras que son desagradables para mí, nunca serás feliz. Pero si me entregas tu cuerpo, lo bendeciré y te daré fuerza física para hacer el trabajo para el que te llamé. Usaré tus talentos físicos, tu apariencia y tu habilidad atlética para ayudar a los demás.

Entrégame todo lo que eres, y te daré todo de mí.

Tu amor verdadero,
>Dios.

=== =========

DÉJAME ABRIGARTE

Alabado sea el Dios y Padre de nuestro Señor Jesucristo, Padre misericordioso y Dios de toda consolación, quien nos consuela en todas nuestras tribulaciones.

2 Corintios 1:3-4b

Querido hijo:

>¿Has dormido debajo de una frazada? Es una manta afelpada, cálida y ultra agradable. En una noche fría, no hay como acurrucarse debajo de una cálida frazada.

Piensa en mí de esta manera. Yo soy tu frazada. Algunas personas piensan que soy una sábana finita o un colchón duro. "No puedo llegar a Dios", dicen, "Él me rechazará". ¡Qué mentira! Mentiras como estas te impiden correr hacia mí, que es a quien perteneces.

Créeme, solo espero tenerte y abrigarte. Puedes acurrucarte en mis manos y relajarte de tus conflictos. Deseo abrigarte y protegerte, hijo mío. Anhelo confortarte. Corre hacia mí.

Tu Padre de compasión,
>Dios.

=== =========

TE AYUDARÉ A RECORRER EL CAMINO

Entren por la puerta estrecha. Porque es ancha la puerta y espacioso el camino que conduce a la destrucción, y muchos entran por ella. Pero estrecha es la puerta y angosto el camino que conduce a la vida, y son pocos los que la encuentran.

Mateo 7:13-14

Mi hijo:

>Cada día te enfrentarás con decisiones difíciles y elecciones duras. Si vives para mí, algunas veces sentirás como que desciendes por un camino angosto, e intentas no resbalar y caer en una zanja.

Algunas veces miras alrededor y ves a la mayoría de las personas atravesar una carretera inmensa de ocho carriles con mucho espacio para maniobrar. La carretera grande de la vida puede parecer fácil, pero al final sus conductores descubrirán que esta no los conduce hacia mí.

¿Cómo permaneces en el camino angosto? Conociéndome. Leyendo mi Palabra. Dejándome que te guíe y que te muestre el camino. Déjame darte la fuerza y el equilibrio que necesitas para hacer las elecciones correctas. ¡Puedes lograrlo!

El Maestro planificador,
>Dios.

=== ========

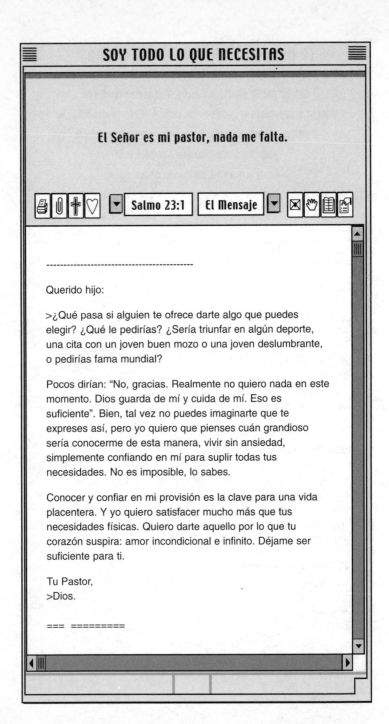

SOY TODO LO QUE NECESITAS

El Señor es mi pastor, nada me falta.

Salmo 23:1 | El Mensaje

Querido hijo:

>¿Qué pasa si alguien te ofrece darte algo que puedes elegir? ¿Qué le pedirías? ¿Sería triunfar en algún deporte, una cita con un joven buen mozo o una joven deslumbrante, o pedirías fama mundial?

Pocos dirían: "No, gracias. Realmente no quiero nada en este momento. Dios guarda de mí y cuida de mí. Eso es suficiente". Bien, tal vez no puedes imaginarte que te expreses así, pero yo quiero que pienses cuán grandioso sería conocerme de esta manera, vivir sin ansiedad, simplemente confiando en mí para suplir todas tus necesidades. No es imposible, lo sabes.

Conocer y confiar en mi provisión es la clave para una vida placentera. Y yo quiero satisfacer mucho más que tus necesidades físicas. Quiero darte aquello por lo que tu corazón suspira: amor incondicional e infinito. Déjame ser suficiente para ti.

Tu Pastor,
>Dios.

=== =========

ATESORA TUS DONES

Ustedes han sido llamados a ser libres; pero no se valgan de esa libertad para dar rienda suelta a sus pasiones. Mas bien sírvanse unos a otros con amor.

Gálatas 5:13 | El Mensaje

Querido hijo:

>Supone que te regalaron un cuadro valioso y que podrías hacer lo que quieras con él. ¿Qué harías? ¿Buscarías el lugar perfecto para colgarlo donde trajera gozo y placer a ti y a todos tus invitados? ¿O te lo llevarías a tu casa, lo untarías con grasa y le harías un agujero?

Estoy seguro de que lo guardarías y lo disfrutarías. La libertad, para la que mi Hijo te llama, también es un don para ser guardado y disfrutado. Busca un lugar de honor para ella en tu corazón, y transmítela a tus amigos y también a los que te son extraños.

El Dador de dones,
>Dios.

=== =========

VEN A VER LA LUZ

Por medio de él todas las cosas fueron creadas (...) En él estaba la vida, y la vida era la luz de la humanidad. Esta luz resplandece en las tinieblas, y las tinieblas no han podido extinguirla.

Juan 1:3-5 | El Mensaje

Mi hijito:

>Mi Hijo, Jesús, vino a tu mundo como una vida –una vida poderosa y dinámica– llena de energía y esperanza. Él fue a tu mundo como la luz, y resplandeció en las tinieblas y oprimió a las sombras.

Toda esta vida y esta luz fue contenida en un ser humano; por lo tanto las personas no entendían con quién trataban cuando se encontraron con Él. Él lucia como una persona común. Pero estaba conmigo cuando el mundo fue hecho. Cada cosa simple en la creación fue creada a través de Él. Por lo tanto, no es extraño que las personas no dejasen de "ver la Luz" cuando se encontraron con Jesús.

Aunque permanecieron en la oscuridad y no comprendieron la luz, ¡no pudieron apagarla! ¡Jesús todavía brilla! Déjalo brillar en ti.

El Padre de luz,
>Dios.

=== =========

UNA AVENTURA Y UN MISTERIO

He sido crucificado con Cristo, y ya no vivo yo sino que Cristo vive en mí.

Gálatas 2:20a | El Mensaje

Mi hijo:

>Este es el misterio más poderoso de una vida de fe: cuando confías en Jesús como tu Salvador, crucificas tu vieja vida. Todos los hábitos malos, las ideas negativas, las motivaciones viles y los pensamientos torcidos son destinados a morir.

¡No tienes que impresionar a nadie con quién eres, porque estás muerto! ¿Entonces quién camina con tus piernas? Jesús está en ti, tú haces las elecciones de Jesús, piensas los pensamientos de Jesús ¡y traes su fuerza de vida en las situaciones de todos los días! Dile a tu vieja vida que está muerta y que ahora vives como un envase de Cristo. ¡Qué aventura!

El Señor en ti,
>Dios.

=== ========

NO ESCONDAS TUS SENTIMIENTOS

De angustia se me derrite el alma:
susténtame conforme a tu palabra.

Salmo 119:28

Mi hijo:

>¿Te han dicho "Los hombres no lloran"? Yo nunca te lo diré. Eso no es verdad. Hice todos tus sentimientos para que puedas responderle a la vida.

¿Qué tiene de maduro esconder tus sentimientos? ¿Qué tiene de admirable desviar tus lágrimas? La vida está llena de desilusiones y de penas, y si no me las traes a mí, vas a tener que tratar con el dolor tú solo. Los sentimientos escondidos solo empeoran la situación porque podrían resurgir más tarde, cuando menos lo esperas, para hacerte entristecer.

Por lo tanto tráeme tus penas. Yo tomaré tu tristeza y te daré mi fuerza. No importa cuántos años tengas, nunca eres demasiado grande para llorar sobre mi hombro. Ahora bien, dime todo acerca de ello.

Tu Padre amado,
>Dios.

=== =========

ENTRA EN LA PELEA

Pelea la buena batalla de la fe.

1 Timoteo 6:12a

Querido hijo:

>Algunas veces las personas renuncian a la vida, no porque la vida sea demasiado dura, sino porque es demasiada fácil; no porque sea demasiado difícil vivir, sino porque no hay un desafío real que merezca el riesgo de pelear.

Quiero que seas lleno con el deseo de pelear por un propósito más alto y más grande que tú mismo. Quiero que gastes tu energía y que uses tus dones para cosas más grandes. Quiero que sepas cómo es pararse y pelear conmigo en la batalla de fe, para saborear el triunfo de la victoria. No quiero que llegues al final de tu vida y te preguntes: “Y bien, ¿de que se trató todo esto?” La vida es demasiado valiosa. Tú eres demasiado valioso.

¡Conéctate conmigo y enfrentaremos juntos a nuestros enemigos!

Tu campeón,
>Dios.

=== =========

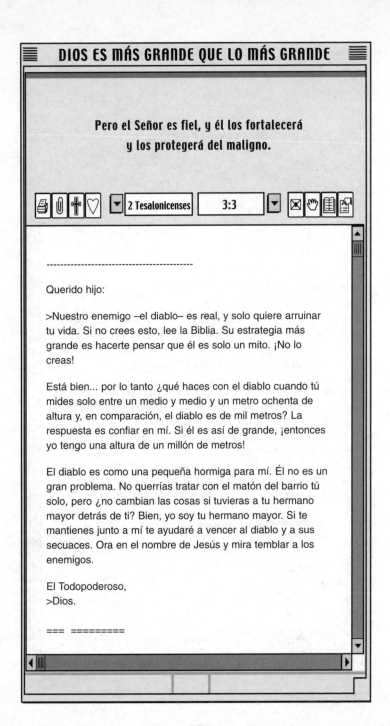

Pero el Señor es fiel, y él los fortalecerá y los protegerá del maligno.

2 Tesalonicenses 3:3

Querido hijo:

>Nuestro enemigo –el diablo– es real, y solo quiere arruinar tu vida. Si no crees esto, lee la Biblia. Su estrategia más grande es hacerte pensar que él es solo un mito. ¡No lo creas!

Está bien... por lo tanto ¿qué haces con el diablo cuando tú mides solo entre un medio y medio y un metro ochenta de altura y, en comparación, el diablo es de mil metros? La respuesta es confiar en mí. Si él es así de grande, ¡entonces yo tengo una altura de un millón de metros!

El diablo es como una pequeña hormiga para mí. Él no es un gran problema. No querrías tratar con el matón del barrio tú solo, pero ¿no cambian las cosas si tuvieras a tu hermano mayor detrás de ti? Bien, yo soy tu hermano mayor. Si te mantienes junto a mí te ayudaré a vencer al diablo y a sus secuaces. Ora en el nombre de Jesús y mira temblar a los enemigos.

El Todopoderoso,
>Dios.

=== =========

EL DOMINGO DEBERÍA SER DIVERTIDO

Yo me alegro cuando me dicen:
"Vamos a la casa del Señor".

Salmo 122:1

Mi joven:

>Algunas personas ven a la iglesia como un deber. Piensan así: "La iglesia es aburrida, pero si voy, le agradaré más a Dios". ¡Qué basura de pensamiento! Ya me agradas, de modo que ¿por qué tu asistencia a la iglesia debería cambiar mis sentimientos hacia ti?

La iglesia no se supone que sea una de las cosas que tú desearías evitar, pero vas porque es bueno para ti; es como comer espinaca. Se supone que debe hacerte feliz. Se supone que es un lugar donde puedas ser real en tu relación conmigo, un lugar donde mi pueblo se reúna para animarse unos a otros, para orar unos con otros y donde me celebren. Si esto no es lo que una iglesia es para ti, entonces estás yendo a la iglesia equivocada. Vamos, ¡encuentra un lugar para celebrarme!

Tu fuente de gozo,
>Dios.

=== ========

YO SOY EL ÚNICO DEL QUE PUEDES DEPENDER

"¿Puede una madre olvidar a su niño de pecho, y dejar de amar al hijo que ha dado a luz? Aunque cuando ella lo olvidara, ¡yo no te olvidaré!"

Isaías 49:15

Mi jovencito:

>¿Cómo era tu vida cuando eras pequeño? ¿Lo recuerdas? Yo sí. Estuve allí contigo.

¿Fueron todos tus días llenos de columpios en las plazas, regalos debajo del árbol de navidad y tortas caseras? ¿O hubo algunos momentos de tristeza, desilusión y soledad? ¿Estuvieron tus padres contigo, protegiéndote y ayudándote? ¿Estaban ellos brindándote abrazos, sonrisas y sorpresas? ¿O fueron los que alguna vez te causaron dolor?

Cualquiera sea la niñez que hayas tenido –buena, mala o más o menos– cualquiera sea la familia en la que hayas crecido –ningún hogar es perfecto– siempre puedes depender de mi amor. Quiero sanar tu idea de lo que debería ser un padre que te ama con el amor de un padre perfecto. ¿Me dejarás comenzar hoy?

El Padre que siempre ha estado allí,
>Dios.

=== =========

CICATRICES DE RECUERDOS

**Grabada te llevo en las palmas de las manos;
tus muros siempre los tengo presentes.**

Isaías 49:16

Querido hijo:

>¿Sabías que mi Hijo, Jesús, tuvo cicatrices de ti en las palmas de sus manos? Se las hizo al colgar de la cruz por ti, de modo que pudieras tener una relación conmigo. Jesús no puede olvidarte. Aquellas cicatrices son recordatorios constantes.

Jesús oró por ti 24/7 (es decir, 24 horas por día, 7 días a la semana). Él no duerme, yo tampoco. Aún si tú te olvidas de mi durante el día, no te preocupes: yo no puedo olvidarte. Nunca estás solo u olvidado debido a que Jesús siempre piensa en ti. Te amo sin parar.

Tuyo para siempre,
>Dios.

=== =========

NO SOY COMO CUALQUIER PERSONA QUE CONOCES

"Porque mis pensamientos no son los de ustedes, ni sus caminos son los míos –afirma el Señor–. Mis caminos y mis pensamientos son más altos que los de ustedes; ¡más altos que los cielos sobre la tierra!"

Isaías 55:8-9

Querido hijo mío:

>Algunas personas que me conocen dicen que soy un "viaje". No soy como cualquier persona que conoces, te lo aseguro.

Soy infinito, lo que significa que siempre estoy aquí y siempre estaré. Esto tal vez golpée tu mente, porque tú no eres infinito. Tú tienes un comienzo, ¡yo no!

Conozco todo. Sé lo que cada persona sobre la Tierra piensa y siente justo ahora, y puedo prestar atención individualmente a cada uno. Y estoy en todas partes. No hay lugar donde puedas ir en donde yo no esté, incluso en el fondo del océano. No tengo que viajar; ¡estoy justo allí!

Si no puedes entender lo que hago justo ahora en tu vida, está bien. Confía en mí; sé lo que hago. Tengo sorpresas maravillosas reservadas para ti.

El Infinito,
>Dios.

=== ========

UNA REACCIÓN EN CADENA

En efecto, toda la ley se resume en un solo mandamiento: "Ama a tu prójimo como a ti mismo".

Gálatas 5:14 | El mensaje

Querido hijo mío:

>Cuando recibes mi amor, este produce una reacción en cadena en tu vida. Primero, te remienda en donde estás quebrado. Te ayuda a verte como yo lo hago y comienzas, poco a poco, a hacer la paz con quien tú eres. Reconoces tus puntos buenos y paras de ser tan crítico de tus debilidades. Lo próximo es que comienzas a amarte a ti mismo un poco más... y después un montón más.

Y como crece tu riqueza de amor hacia ti mismo, descubres que ya no eres tan crítico contigo; entonces, gradualmente, milagrosamente, te encuentras capaz para amar a otros de una manera que nunca pensaste que podrías. Esto es lo que ocurre cuando dejas que mi amor entre en tu vida. ¡Nunca falla!

Aquel que te ama,
>Dios.

=== ========

PARA DE GOLPEARTE A TI MISMO

**Muchas son las calamidades de los malvados,
pero el gran amor del Señor
envuelve a los que en él confían.**

Salmo 32:10

Mi hijo:

>Realmente no tengo que castigar a las personas que no quieren hacer las cosas a mi manera. Tarde o temprano, terminan castigándose a sí mismas. Me maldicen, dicen que no me necesitan, hacen lo que quieren y viven apartados de mí.

¿Estoy determinado a darles su merecido? ¿Los maldigo? No, ellos se castigan a sí mismos al rechazar mi bondad en sus vidas. Vivir lejos de mí es como beber veneno. Es la muerte.

Pero cuando tú confías en mí y haces las cosas a mi manera, yo te rodeo, te guardo y te ayudo. Hacer las cosas a mi manera es como beber agua fría en un día de calor. Es tu elección, pero si te escondes de mí, los problemas seguramente llegarán a tu vida. Por favor, déjame bendecirte y protegerte.

Tu Escudo,
>Dios.

=== =========

Los preceptos del Señor son rectos: traen alegría al corazón. El mandamiento del Señor es claro: da luz a los ojos.

Salmo 19: 8

Querido hijo:

>¿Te emocionas con las leyes? No muchas personas se sientan y dicen: "¡Oh, amo el límite de velocidad! ¡Es tan maravilloso!"

Está bien. Pero entonces, ¿por qué se entusiasman con mis reglas? Porque ellas siempre conducen a una vida mejor. A una persona que hace una dieta podría no gustarle las reglas del régimen, pero después de perder treinta kilos y sentirse bien, puede decir: "¡Amo esta nueva dieta!" Nadie ama la ley del cinturón de seguridad, hasta que tiene un accidente y el cinturón le salva la vida.

Mis reglas son como eso. No están para comprimir tu estilo. Están para hacerte libre y protegerte. ¡Regocíjate en mis límites!

Tu Guardián,
>Dios.

=== ========

LA CLAVE PARA AMAR

Si hablo en lenguas humanas y angelicales, pero no tengo amor, no soy más que un metal que resuena o un platillo que hace ruido (...) y si tengo una fe que logra trasladar montañas, pero me falta el amor, no soy nada. Si reparto entre los pobres todo lo que poseo (...) pero no tengo amor, nada gano con eso.

1 Corintios 13:1-3

Mi joven:

>Sé que quieres hacer cosas grandes con tu vida. Yo también lo quiero. Pero lo más grande que puedes hacer con tu vida es amar a otras personas, y a mí.

No importa lo que logres en la vida; si no tienes amor, tu vida será un fracaso. Podrías ser una famosa estrella de rock o un político poderoso; pero sin amor, tu música sería puro ruido y tus discursos estarían vacíos. Podrías ser un multimillonario con más dinero del que pudieras gastar, pero sin amor, tu corazón estaría en bancarrota.

¿Cómo desarrollas esa clase de amor? Jesús tiene la clave. Solamente Él puede hacerlo. Cuando le permites entrar en tu vida, Él amará a otras personas a través de ti. ¡Entonces tu vida valdrá verdaderamente!

Amor por siempre,
>Dios.

=== ========

QUIERO PERDONARTE

"Porque si perdonan a otros sus ofensas, también los perdonará a ustedes su Padre celestial. Pero si no perdonan a otros sus ofensas, tampoco su Padre les perdonará a ustedes las suyas."

Mateo **6:14-15**

Hijo mío:

>Quiero perdonarte, pero algunas veces no puedo porque tú no perdonas a los demás.

Si un grupo de chicos te maldice y tú les guardas rencor, es lo mismo que si caminaras todo el día maldiciéndolos. Pero tan pronto como los perdonas y los liberas, estás libre para recibir mi perdón. No te preocupes por darles su merecido. Ese es mi trabajo. Pero yo no quiero darles su pago, quiero perdonarlos ¡así como quiero perdonarte a ti! Si quieres que tenga misericordia de ti, ten misericordia de los demás. Si quieres que te dé un oportunidad cuando te alabas a ti mismo, perdona a los demás cuando ellos fanfarronean.

Cuando perdones a los demás, verás mi amor fluir en tu vida. Tengo un camión lleno de amor y perdón que quiero derramar en ti. Perdonar, es lo mejor que puedes hacer.

Tu Padre en los cielos,
>Dios.

=== =========

Por tanto, no nos desanimamos. Al contrario, aunque por fuera nos vamos desgastando, por dentro nos vamos renovando día tras día.

2 Corintios 4:16 | El mensaje

Mi jovencito:

>Sé que algunas veces estás tentado a desmayar en la vida. Algunas veces es difícil encontrar una razón para continuar en carrera.

¿Qué te hace querer tirar la toalla? ¿La escuela? ¿Las calificaciones? ¿Los amigos? ¿Los padres? ¿El dinero? ¿La guerra? Escucha... quiero que me lo confíes. Aún cuando las circunstancias de la vida pudieran parecer en mal estado en el exterior, cuando crees en mí, hay cosas invisibles que avanzan en tu interior. Cada día manifiesto algo nuevo y excitante. Tu futuro será más asombroso de lo que puedas imaginar. Créeme, valdrá la pena proseguir.

De modo que afiérrate fuerte. ¡No te rindas! Tengo varias sorpresas reales para ti.

Tu Papá celestial,
>Dios.

=== =========

DESECHA EL CATÁLOGO

¿De qué sirve ganar el mundo entero si se pierde la vida? ¿O qué se puede dar a cambio de la vida?

Mateo 16:26 **El mensaje**

Querido hijo mío:

>Imagina que la vida fuera como un catálogo, y que pudieras pasar las páginas y seleccionar todo lo que tu corazón deseara: computadoras, autos, ropa, vacaciones, fama, dinero, poder... sin límites.

Justo el día en que tu pedido fuera entregado, este llega con una cuenta que dice: “Pago requerido: tu alma eterna”. ¿Querrías de todos modos el pedido? Muchas personas lo quieren. Pero no entienden completamente el negocio que hacen. Para comenzar, el catálogo es algo que no vale nada. Yo nunca entregaría cualquier cosa. Y si lo hiciera, ninguna suma de cosas satisfarían la búsqueda incansable de tu alma por mí.

De modo que desecha el catálogo del mundo y mira las páginas de mi plan para ti: la Biblia. ¡Mi amor entrega lo que promete!

Tu Papá amoroso,
>Dios.

=== ========

YO CONSTRUÍ EL AUTO

El Señor cumplirá en mí su propósito. Tu gran amor, Señor, perdura para siempre; ¡no abandones la obra de tus manos!

Salmo 138:8

Mi hijo:

>Tengo un interés personal en tu éxito. Tú eres mi creación, eres un original. He invertido creatividad, esperanza y energía al hacerte el que eres, y no tengo intención de abandonarte ahora.

Tú eres como un auto de carrera puesto a punto que he construido. El día de la carrera, ¿no piensas que voy a conducir a ese auto a la victoria? No voy a dejarlo averiado al costado del camino. Pertenezco al asiento del conductor de tu vida, de modo que me pones allí al creer y confiar en mí. Conozco las rectas y curvas de la pista.

Tengo un plan para tu vida, hijo, y estoy profundamente comprometido con los resultados de tu carrera. No te preocupes. No te he abandonado, y nunca lo haré.

Tu Conductor,
>Dios.

=== =========

¡ELIGE LA VIDA!

"Te he dado a elegir entre la vida y la muerte, entre la bendición y la maldición. Elige, pues, la vida, para que vivan tú y tus descendientes."

Deuteronomio 30:19

Querido hijo mío:

>Quiero que elijas la vida. Escoger la vida significa mirar la vida con esperanza y amor, en lugar de hacerlo con temor y duda.

Escoger la vida significa cuidar de los demás en lugar de obsesionarte por ti mismo. Elegir la vida significa mirar una puesta de Sol o animar a un amigo, en lugar de estar cada noche frente a un programa de televisión. Elegir la vida significa confiar en mí para ayudarte a hacer las cosas difíciles, en lugar de rendirte antes de haberlo intentado. Escoger la vida es reír con los niños en lugar de dudar con los escépticos. Elegir la vida es celebrar tus propios dones en lugar de ser envidioso de los dones de los demás.

Escoger la vida significa sostener lo que es correcto y verdadero, aún cuando alguien piense que eres un tonto al hacerlo. Elegir la vida es amarme.

Tuyo para la vida,
>Dios.

=== =========

DÉJAME SER TU CASA EN EL ÁRBOL

Tú eres mi refugio; tú me protegerás del peligro y me rodearás con cánticos de liberación.

Salmo 32:7

Mi joven:

>¿Hay un lugar especial al cual vayas para escapar de todo y de todos? A algunas personas les gusta trepar a un árbol. Otras tienen su escondite en una esquina de su patio. Ocultarte en un lugar físico ayuda cuando las personas y las circunstancias son demasiadas para ti.

Pero ¿dónde puedes esconderte de tus emociones y temores? Déjame ser tu refugio. Cuando las cosas se vuelvan bruscas, corre a mí, cuando necesites resguardo de tu vida, ora y lee mis palabras en la Biblia. Luego escucha. No solo te refugiaré, sino que te rodearé con cánticos de aliento. Te cantaré cánticos de paz. Ven conmigo a nuestro lugar secreto. Te encontraré allí.

Tu Refugio,
>Dios.

=== =========

QUÉ USAR CADA DÍA

Revístanse de afecto entrañable y de bondad, humildad, amabilidad y paciencia.

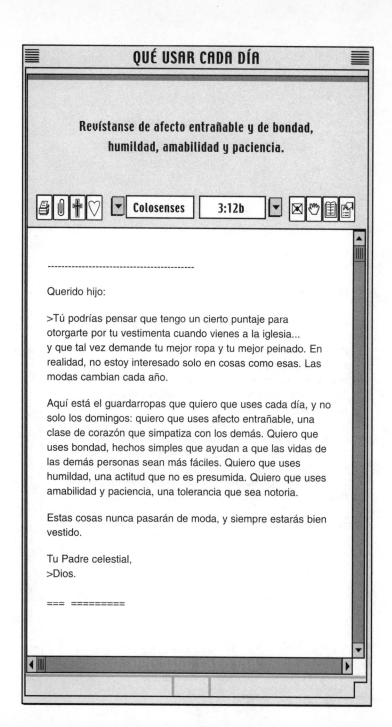

Colosenses 3:12b

Querido hijo:

>Tú podrías pensar que tengo un cierto puntaje para otorgarte por tu vestimenta cuando vienes a la iglesia... y que tal vez demande tu mejor ropa y tu mejor peinado. En realidad, no estoy interesado solo en cosas como esas. Las modas cambian cada año.

Aquí está el guardarropas que quiero que uses cada día, y no solo los domingos: quiero que uses afecto entrañable, una clase de corazón que simpatiza con los demás. Quiero que uses bondad, hechos simples que ayudan a que las vidas de las demás personas sean más fáciles. Quiero que uses humildad, una actitud que no es presumida. Quiero que uses amabilidad y paciencia, una tolerancia que sea notoria.

Estas cosas nunca pasarán de moda, y siempre estarás bien vestido.

Tu Padre celestial,
>Dios.

=== =========

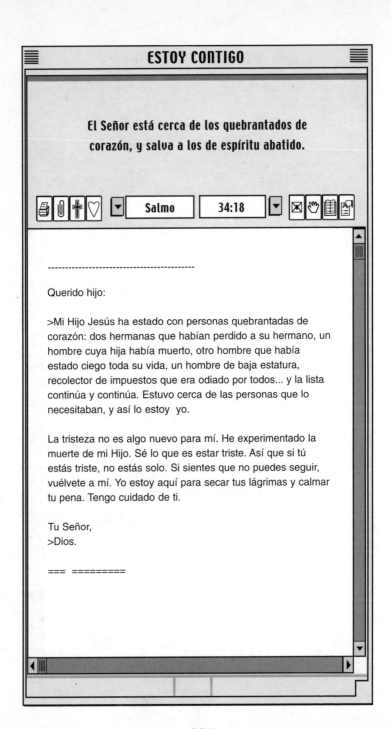

ESTOY CONTIGO

El Señor está cerca de los quebrantados de corazón, y salva a los de espíritu abatido.

Salmo 34:18

Querido hijo:

>Mi Hijo Jesús ha estado con personas quebrantadas de corazón: dos hermanas que habían perdido a su hermano, un hombre cuya hija había muerto, otro hombre que había estado ciego toda su vida, un hombre de baja estatura, recolector de impuestos que era odiado por todos... y la lista continúa y continúa. Estuvo cerca de las personas que lo necesitaban, y así lo estoy yo.

La tristeza no es algo nuevo para mí. He experimentado la muerte de mi Hijo. Sé lo que es estar triste. Así que si tú estás triste, no estás solo. Si sientes que no puedes seguir, vuélvete a mí. Yo estoy aquí para secar tus lágrimas y calmar tu pena. Tengo cuidado de ti.

Tu Señor,
>Dios.

=== =========

HAZ LO CORRECTO

Hagan lo que hagan, trabajen de buena gana, como para el Señor y no como para nadie en este mundo (...) Ustedes sirven a Cristo el Señor.

Colosenses 3:23-24

Mi hijo:

>Cuando nadie mira, es tentador hacer trampa. Tal vez tú no lo llamarías hacer trampa. Tal vez solo lo llamarías "hacer una picardía".

Pero hacer de la picardía un hábito es perder el gozo en tu trabajo. Hacer una obra correcta te hace sentir bien, debido a que te hice para que disfrutes el trabajo duro, para que disfrutes al hacer lo mejor.

De modo que no trabajes duro porque piensas que estoy sobre ti con el azote. No lo estoy. Ni lo hagas para agradar a otras personas. Haz lo mejor sin importar si las personas te miran o no. Entonces, cuando tu jefe o maestro menos lo esperen, se maravillarán a causa de que trabajas tan duro. Pero nosotros sabremos la razón. ¡Será nuestro secreto!

Tu Patrón celestial,
>Dios.

=== ========

MI OFERTA SIGUE EN PIE

"Desde los tiempos antiguos, Yo soy. No hay quien pueda librar de mi mano. Lo que yo hago, nadie puede desbaratarlo."

Isaías 43:13

Querido hijo:

>¿No sientes odio cuando las personas prometen algo bueno y después cambian de opinión? "Oh, habría comprado eso para ti, pero aumentaron el precio." "Sé que dije que estaría allí, pero algo importante surgió?" Yo no soy de esa manera. Si digo que estaré allí, estaré.

Cuando hago algo, nadie puede deshacerlo. Te he escogido para que seas parte de mi familia, y esa oferta siempre está abierta. Nunca la retiraré. Quiero pasar contigo tanto tiempo como pueda. Nunca estoy demasiado ocupado para ti, ¡nunca! Te amo, y siempre quiero estar contigo. Esto nunca cambiará.

Tu guarda-promesas,
>Dios.

=== ========

TE ENCONTRARÉ EN TU HABITACIÓN

"En el hogar de mi Padre hay muchas viviendas; si no fuera así, ya se lo habría dicho a ustedes. Voy a prepararles un lugar. Y si me voy y se lo preparo, vendré para llevármelos conmigo. Así ustedes estarán donde yo esté.

Juan 14:2-3

Querido hijo mío:

>Mi Hijo, Jesús, no puede mentir. De modo que cuando Él dice que hay un hogar en el cielo para los que lo siguen, es verdad.

El cielo es real, tan real como todo lo que puedes tocar ahora. Es más real, porque durará para siempre, y las cosas que tú puedes tocar ahora se convertirán en polvo.

Así que ¿qué tenemos? Bien, tengo una habitación preparada para ti. Todas las cosas que tú amas están en ella, y hay algunas cosas que tú amarás y que no conoces aún. ¿Has escuchado del plano del cielo? ¿Nunca? Lo verás.

La mejor noticia es que yo estoy aquí y te espero. Cuando estés finalmente en casa conmigo, será grandioso para siempre. Espero verte cara a cara, pero primero tienes muchas cosas para hacer en la Tierra. De modo que ¡descansa!

Tu Padre celestial,
>Dios.

=== =========

SÉ REAL

"Vengan a mi todos ustedes que están cansados y agobiados, y yo les daré descanso."

Mateo 11:28 | El mensaje

Mi hijo:

> No hay nada más agotador que "jugar a la iglesia" y actuar como si todo estuviera bien, mientras que por dentro estás con dolor, solo y necesitas ser real con alguien. Esa clase de religión "actuada" es el camino a la muerte espiritual.

Por otro lado, no es así como las cosas trabajan conmigo. Nunca ha sido así. Si hay un lugar sobre la Tierra en el que puedas ser real, es conmigo. Si hay un lugar donde puedas dar un descanso a la actuación, es en mi presencia. No estoy interesado en la actuación de nadie. Quiero hacer contacto con tu ser real. Quiero sanar lo que está herido en ti, perdonar lo que necesita perdón, renovarte totalmente. Ven a mí y déjame llenarte con nueva vida. Tómate un descanso.

Tu Papá celestial,
>Dios.

=== =========

RESPONDO LA ORACIÓN

–Tengan fe en Dios –respondió Jesús– (...) Crean que ya han recibido todo lo que estén pidiendo en oración, y lo obtendrán.

Marcos 11:22-24

Querido hijo:

>¿Te daré todo lo que pides? Bien, responder oraciones es mi trabajo. Algunas personas dicen: “Sé cuidadoso con lo que pides, porque podría suceder”. Yo digo: “si oras de acuerdo a lo que yo quiero, ocurrirá”.

Ahora, no vengas a mí con una oración en la que quieres el universo en tu mano o quieres para ti todos los autos que circulan en el país. Sé real. Pero si hay algo que quieras pedirme, algo que no puedas sacarte de tu cabeza, entonces esa oración es probablemente para mí. Preséntamelo en oración y cree que la responderé.

Recuerda, puedo hacer lo que sea. Nunca nadie me ha confiado demasiado. Solo pídeme.

El dador,
>Dios.

=== ========

EXPRESA LA PALABRA DE BIENVENIDA

Que si confiesas con tu boca que Jesús es el Señor, y crees en tu corazón que Dios lo levantó de entre los muertos, serás salvo.

Romanos 10:9 | El Mensaje

Mi joven:

>Algunas personas tienen una idea totalmente equivocada de lo que es tener una relación conmigo. Vienen a mí con toda clase de proezas, tratan de impresionarme con las buenas personas que son. (Si son tan buenos, ¿para qué me necesitan?)

¿No creen que soy consciente de sus equivocaciones? Acercarse a mí con un orgullo falso no es la manera de impresionarme. Quiero ser amigo de la persona que saldrá y expresará fe en mí y en mi Hijo... la persona que dará bienvenida a nuestra obra... la persona que no es demasiada orgullosa y por lo tanto muestra necesidad.

Tú no necesitas usar una máscara religiosa. Cuando le dices a Jesús que crees en Él y que lo necesitas, puedes caminar derecho hacia mi puerta principal. Es así de simple.

El Señor de todo,
>Dios.

=== ========

CUANDO VENGA LA TORMENTA

Si el Señor no edifica la casa,
en vano se esfuerzan los albañiles.

Salmo 127:1a

Querido hijo:

>En algunas partes del mundo, donde las tormentas son terribles y regulares, las personas construyen el exterior de sus casas de bambú y papel. Aproximadamente cada año las tormentas destruyen todo. Como las personas creen que sus casas van a ser derribadas, no gastan su tiempo y esfuerzo tratando de construir casas fuertes. Esto es inteligente.

Tú no puedes construir una vida fuerte y exitosa con tus propios medios. Lejos de mí, trabajarás para hacer que tu vida luzca bien, pero algo siempre vendrá para derribarla. Yo soy el único con suficiente poder y sabiduría para construir una vida que resiste las tormentas.

Así que sé inteligente. Olvida tus propios planes. Déjame mostrarte mis planes y ayudarte a construir una vida fuerte y exitosa. Mi obra perdura.

El Maestro arquitecto,
>Dios.

=== =========

¿PUEDO AYUDAR?

Pon en manos del Señor todas tus obras,
y tus proyectos se cumplirán.

Proverbios 16:3

Querido hijo:

>Quiero estar involucrado en tu vida –no solo en tu vida de oración o en tu vida de iglesia– sino en toda tu vida. Incluso si solo estás entrenando a tu perro, escribiendo una historia o decorando tu habitación, cada actividad es mejor conmigo.

Si lo que haces no está mal, entonces tráelo a mí y pídeme ayuda. Piensa: yo pinté cada puesta de Sol e hice todas las flores, de modo que estoy dispuesto a ayudarte a decorar una habitación. Cuando me encomiendas un proyecto, trabajaré contigo para hacerlo mejor. No estoy tan interesado en el proyecto como lo estoy en nuestra relación. Amo hacer cosas contigo. Quiero ser parte de toda tu vida. Por favor, comunícame tus planes.

Tu Creador,
>Dios.

=== =========

ME PRESENTO EN PERSONA

"El que me ha visto a mí, ha visto al Padre."

Juan 14:9

Mi querido hijo:

>¿Por qué no presentarme en persona y dejar que todos vean cuán real soy? ¡Lo hice! En lugar de solo mirar desde el cielo, vine a la Tierra en la vida de mi Hijo, Jesús.

Jesús nació de unos simples padres y vivió en una pequeña ciudad. Fue a la escuela y aprendió un oficio. Después durante tres años habló a las personas acerca de mí. Por ello fue arrestado, juzgado, lo declararon culpable, fue golpeado, escupido y clavado a una cruz donde sufrió y murió. Algunos amigos lo enterraron en una tumba prestada, pero por el poder de mi Espíritu Santo, lo traje de nuevo a la vida ¡para vivir para siempre!

En Jesús me presenté en persona. Y continúo presentándome en las vidas de aquellos que confían en mí y me dejan obrar en sus vidas.

Personalmente,
>Dios.

=== =========

HAZ UN CAMINO EN TU CORAZÓN

"Preparen el camino del Señor, háganle sendas derechas. Todo valle será rellenado, toda montaña y colina será allanada. Los caminos torcidos se enderezarán, las sendas escabrosas quedarán llanas. Y todo mortal verá la salvación de Dios."

Lucas 3:4b-6

Mi hijo:

>Quiero que hagas un camino en tu corazón por el que Jesús pueda pasar. Con la ayuda de mi Espíritu Santo, corta todas las actividades a medio hacer y sin sentido. Allana las montañas del egoísmo y vanagloria. Rellena los valles de la baja autoestima y depresión. Endereza las falsas motivaciones o torcidas justificaciones. Allana las sendas de aplazamiento y holgazanería.

Con un camino allanado para pasar, Jesús puede moverse libremente a través de tu vida y hacer la clase de diferencia que Él anhela hacer en ti. Él puede conducirte y guiarte, y tú encontrarás una nueva libertad para seguirle. Y cuanto más lo sigues, más serás como Él. Entonces las personas alrededor de ti ¡serán capaces de verlo en ti!

El Hacedor de tu camino,
>Dios.

=== =========

Como cordero, fue llevado al matadero; como oveja, enmudeció ante su trasquilador; y ni siquiera abrió su boca.

Isaías 53:7

Querido hijo:

>Jesús vivió una vida perfecta como ser humano. Antes de dejar el cielo, le di un trabajo para hacer en la Tierra, y Él lo hizo exactamente como le dije.

Después de ser torturado y entregado para ser crucificado, Jesús tuvo la oportunidad para defenderse. Después de todo, Él era perfectamente inocente. Y era tan poderoso que podía haber destruido a todos sus acusadores con solo mover su mano... pero no lo hizo. Jesús me obedeció y mantuvo su boca cerrada para morir en la cruz y cargar todos los errores y equivocaciones de los humanos en Él. Su muerte sacrificial te dio la oportunidad de conocer mi perdón... y conocerme a mí.

De modo que debes entender que la persona más fuerte no es aquella que estalla o grita más fuerte acerca de lo falsa que es la vida. La persona más fuerte es aquella que silenciosamente me obedece, aun ante falsas acusaciones. Sé fuerte siendo humilde.

El Padre de Jesús,
>Dios.

=== ========

SÉ LIBRE

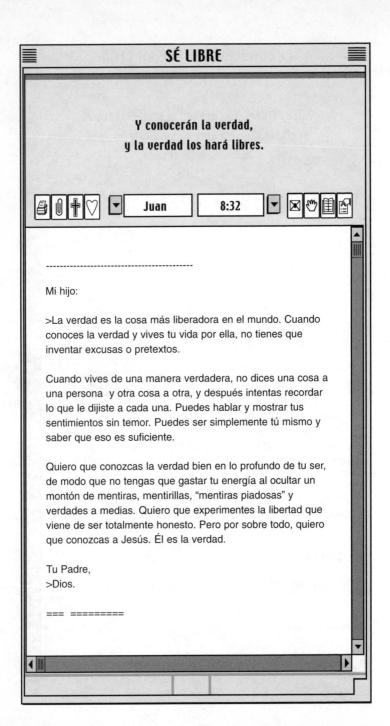

**Y conocerán la verdad,
y la verdad los hará libres.**

Juan 8:32

Mi hijo:

>La verdad es la cosa más liberadora en el mundo. Cuando conoces la verdad y vives tu vida por ella, no tienes que inventar excusas o pretextos.

Cuando vives de una manera verdadera, no dices una cosa a una persona y otra cosa a otra, y después intentas recordar lo que le dijiste a cada una. Puedes hablar y mostrar tus sentimientos sin temor. Puedes ser simplemente tú mismo y saber que eso es suficiente.

Quiero que conozcas la verdad bien en lo profundo de tu ser, de modo que no tengas que gastar tu energía al ocultar un montón de mentiras, mentirillas, "mentiras piadosas" y verdades a medias. Quiero que experimentes la libertad que viene de ser totalmente honesto. Pero por sobre todo, quiero que conozcas a Jesús. Él es la verdad.

Tu Padre,
>Dios.

=== =========

ES LA VERDAD

"Toda palabra de Dios es digna de crédito; Dios protege a los que en él buscan refugio. No añadas nada a sus palabras, no sea que te reprenda y te exponga como un mentiroso."

Proverbios 30:5-6

Querido hijo:

>Si lo digo en mi libro, la Biblia, entonces puedes creer que es verdad. Yo no puedo mentir. Puedes poner toda tu fe en mí. El problema es que las personas no creen en mí lo suficiente.

¿Confiarás en mí? Entonces ora a mí. Confía en mí; lo demostrarás si haces las cosas a mi manera, aun cuando no parezcan tener sentido. Algunos escépticos dicen que mi libro está lleno de cuentos de hadas. Tratan de dar razones convincentes de mis milagros como si no hubieran ocurrido. Pero ocurrieron.

Puedes ponerme a prueba. Yo protejo a las personas que confían en mí. La mejor forma de descubrir que realmente soy "la red debajo del trapecio" es dejarte caer. Si te caes, te sustentaré. ¡En verdad! Cada promesa en la Biblia es cierta. Pruébame y observa.

Tu Amigo digno de confianza,
>Dios.

=== =========

ESTÁ BIEN TENER DUDAS

Luego le dijo a Tomás: –Pon tu dedo aquí y mira mis manos. Acerca tu mano y métela en mi costado. Y no seas incrédulo, sino hombre de fe.
–¡Señor mío y Dios mío –exclamó Tomás.

Juan 20:27-28

Mi hijo:

>Jesús no se sorprende por tus dudas. Aún sus discípulos dudaron de Él algunas veces. Después de su crucifixión, Jesús los dejó atónitos al presentarse en persona. Para probar quién era, les permitió tocar las heridas en sus manos, donde los clavos habían sido hincados. Y fueron convencidos.

En cuanto pudieron se lo dijeron a Tomás, que no había estado allí con ellos cuando Jesús apareció. Pero Tomás dijo: "Lo siento, no me alcanzan sus palabras, tengo que verlo por mí mismo". Una semana más tarde, Jesús apareció nuevamente, y lo primero que dijo fue: "Ven aquí, Tomás. Mira por ti mismo. Toca mis heridas". Eso fue todo. Y Tomás creyó.

Así que no te sientas mal cuando tengas dudas. Jesús quiere ayudarte a creer en Él. De modo que, hazlo.

Tu Padre,
>Dios.

=== =========

Yo sé que mi redentor vive.

Job | 19:25a

Mi hijo:

>Job fue un hombre que vivió hace más de tres mil años. En una época tuvo una vida horrible. Todos sus hijos murieron el mismo día. Después tuvo una espantosa enfermedad en la piel, se rascaba sus llagas con pedazos de vasijas rotas, solo para tener algún alivio. Y perdió todo lo que tenía.

Todos los amigos de Job le decían que me maldijera y muriera. Pero dijo: "Yo sé que mi redentor vive, y que al final triunfará sobre la muerte". Job sabía que yo era bueno. También sabía que él no había hecho nada incorrecto. No sabía por qué sufría, y me cuestionaba. Pero nunca perdió la esperanza en mí.

Si tú tienes preguntas sin respuestas, está bien. Algún día entenderás todo. Pero ahora cree que te amo, y no pierdas la esperanza en mí. Confía en mí en los momentos difíciles.

Tu Amigo fiel,
>Dios.

=== =========

OBSERVA CÓMO LO HAGO

"Carguen con mi yugo y aprendan de mí, pues yo soy apacible y humilde de corazón, y encontrarán descanso para su alma. Porque mi yugo es suave y mi carga es liviana."

Mateo 11:29-30 | El Mensaje

Mi jovencito:

>Algunas personas harán todo lo que puedan para complicar tu vida de fe. Tratarán de sofocarte con reglas y hacerte tropezar con reglamentos. Y se nombrarán a sí mismos como perros guardianes de tu fe si tú lo permites.

¡Hazte a un lado de esas personas! Si no lo haces, te despojarán de la belleza y libertad de tu corazón tan rápido como yo lo derramé. El mejor camino para aprender a recorrer el viaje de fe es caminar conmigo. El camino más seguro para saber cómo esto obra es trabajar conmigo.

Hay una libertad que tú aprenderás a aplicar cada día, una libertad hecha a tu medida. Hay una danza de gracia tan gozosa que te hace sentir como que estás volando. Mantente alerta y sígueme.

Siempre amor,
>Dios.

=== =========

VIVE TU VIDA

Así que podemos decir con toda confianza: "El Señor es quien me ayuda; no temeré. ¿Qué me puede hacer un simple mortal?"

Hebreos **13:6**

Mi hijo:

>No encierres tu corazón en una pequeña habitación segura por temor de ser herido. Se convertiría en una jaula para ti. Y un corazón que está encerrado en una jaula nunca aprenderá a vivir.

Quiero que liberes tus emociones. Toma un desafío. Muévete hacia el torrente de vida e invierte tus sentimientos en otras personas. Seguro que esto puede ser riesgoso. No digo que todo lo que intentes hacer será sin dolor o que logrará un buen resultado. Serás herido vez tras vez. Tu corazón puede ser quebrado.

Pero cualquier cosa que suceda, yo estaré contigo para sanar tus heridas y restaurar tu corazón roto. No entierres tu vida... ¡vívela!

El Señor de la vida,
>Dios.

=== =========

YO DOY EL ESPÍRITU SANTO

Y si el Espíritu de aquel que levantó a Jesús de entre los muertos vive en ustedes, el que levantó a Cristo de entre los muertos también dará vida a sus cuerpos mortales por medio de su Espíritu, que vive en ustedes.

Romanos 8:11

Mi hijo:

>¿Qué sucedería si el espíritu de Michael Jordan se apoderara de ti y repentinamente pudieras jugar al básquetbol como él? Tú probablemente no serías tan alto como lo es él, pero imagino que tu juego mejoraría considerablemente. Tus amigos dirían: "Hombre, ¡dónde aprendiste a hacer eso!"

Ser cristiano significa que estás poseído por mi Espíritu, el Espíritu Santo. Esto puede sonar asustadizo, pero es realmente grandioso. Mi Espíritu va a vivir dentro de ti. Mi Espíritu poseyó a Jesús y lo levantó de la muerte. Así que si mi Espíritu Santo es así de poderoso y así de bueno, ¿no quieres que viva en ti? Mi Espíritu en ti hará cosas a través de ti que nunca podías haber hecho solo.

Pide que mi Espíritu entre en tu vida. Yo quiero darte poder.

Tu único Señor,
>Dios.

=== =========

CONFÍA EN MÍ

Jesucristo es el mismo ayer y hoy y por los siglos.

Hebreos 13:8

Mi hijo:

>Un montón de muchachos que conoces, probablemente, viven sus vidas basadas en sus sentimientos. Tal vez han sido enseñados a creer que ser verdaderos con sus sentimientos significa que son verdaderos consigo mismos. Pero piensa acerca de esto. Los sentimientos son las cosas más impredecibles y de desconfiar en el mundo.

Si los calibradores y manómetros de un automóvil registraran los sentimientos del que lo conduce, en un minuto el motor estaría hirviendo, y en el siguiente minuto, frío. En un momento mostrarían un tanque lleno de combustible, y en el siguiente minuto marcarían que está vacío.

Pero mi carácter, mi fuerza y mi amor no cambian. Te amo hoy y eso nunca va a cambiar. Es mucho mejor vivir tu vida basada en el calibrador o manómetro seguro y que no cambia de quién yo soy y de cuánto te amo. Confía en mí.

Tu Padre,
>Dios.

=== ========

TE ESTOY HABLANDO

Escuchen, oigan mi voz; presten atención, oigan mi palabra.

Isaías 28:23

Querido hijo:

>Hay tanto ruido alrededor de ti: tránsito, televisión, música elevada en los autos que pasan, bebes llorando y personas hablando, gritando o riendo. Es difícil escuchar tus propios pensamientos, mucho menos escuchar mi serena voz.

Pero te pido que escuches. Quiero darte una palabra importante. Tengo palabras personales para tu vida: palabras de amor, aliento y guía. Una de las mejores formas de escucharme es cuando lees la Biblia. Sí, la Biblia. Es el *bestseller* que está en el tope de todas las listas. Comienza con Marcos o Juan. Antes que leas, pide a mi Espíritu Santo que resalte las palabras de vida para ti. Conecta tu corazón cuando leas, y me escucharás. Después que leas, háblame. Pídeme todo lo que quieras. Luego escucha mi respuesta.

Tu Amigo,
>Dios.

=== =========

Es él [Dios] quien me arma de valor y endereza mi camino; da a mis pies la ligereza del venado, y me mantiene firme en las alturas.

Salmo 18:32-33

Querido hijo:

>Si pudieras ser parte de la tripulación de un submarino o de un avión, ¿qué puesto ocuparías? La mayoría de las personas dicen que elegirías ser piloto. ¿Sabes por qué? Porque desde la cabina del avión la vista ciertamente es mejor. En un avión tienes una perspectiva distinta. Estás sobre la acción, no debajo de ella.

¿Te has sentido como que te ahogas en los sucesos de tu propia vida? Cuando tengas ese sentimiento de estar bajo el agua, yo quiero levantarte y darte mi vista, como una mirada de pájaros, de tu vida; como si miraras desde un avión. Yo puedo ver en el futuro, y sé cómo va a ocurrir todo.

Háblame. Hazme preguntas y luego encuentra mis respuestas en la Biblia. Una vez que comiences a ver que tengo el control, te sentirás levantado. Déjame cambiar tu punto de vista.

Tu Dador de fuerza,
>Dios.

=== ========

SIEMPRE HAY UNA SALIDA

**Ustedes no han sufrido ninguna tentación que no sea común al género humano. Pero Dios es fiel, y no permitirá que ustedes sean tentados más allá de lo que puedan aguantar.
Más bien, cuando llegue la tentación, él les dará también una salida a fin de que puedan resistir.**

1 Corintios 10:13

Mi hijo:

>¿Te has quejado alguna vez y has dicho "Esto no es justo", "Esto es imposible"? "¿Cómo espera Dios que sea bueno en esta situación? Todos cederían."

Yo nunca te pondría en una situación donde fueras forzado a hacer algo malo. No te dije que no serías tentado a hacer lo malo. Cuando un maestro deja el salón durante una prueba, ¿quién no se tienta a copiarse? Pero no es necesario. Cuando te encuentras a ti mismo en una situación en la que consideras seriamente en hacer lo malo, mira mi salida. Ora y di: "Dios, ¡sácame de aquí!" Te libraré de la tentación en todo momento. Cuando te muestro la salida, tómala y corre. Yo soy fiel.

Tu Libertador,
>Dios.

=== =========

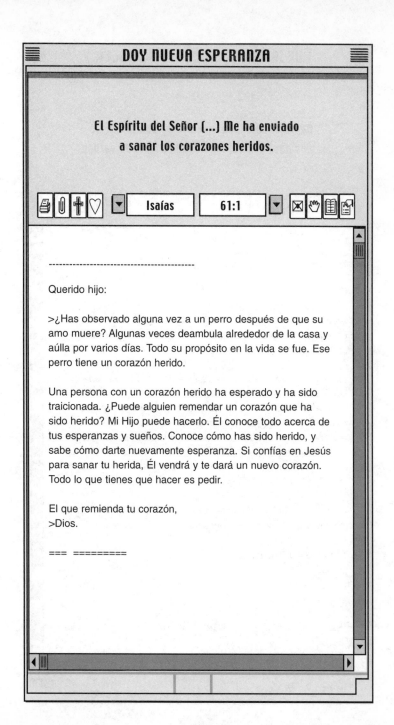

El Espíritu del Señor (...) Me ha enviado a sanar los corazones heridos.

Isaías 61:1

Querido hijo:

>¿Has observado alguna vez a un perro después de que su amo muere? Algunas veces deambula alrededor de la casa y aúlla por varios días. Todo su propósito en la vida se fue. Ese perro tiene un corazón herido.

Una persona con un corazón herido ha esperado y ha sido traicionada. ¿Puede alguien remendar un corazón que ha sido herido? Mi Hijo puede hacerlo. Él conoce todo acerca de tus esperanzas y sueños. Conoce cómo has sido herido, y sabe cómo darte nuevamente esperanza. Si confías en Jesús para sanar tu herida, Él vendrá y te dará un nuevo corazón. Todo lo que tienes que hacer es pedir.

El que remienda tu corazón,
>Dios.

=== =========

DEJA QUE TUS ACCIONES HABLEN

Queridos hijos, no amemos de palabra ni de labios para afuera, sino con hechos y de verdad.

1 Juan 3:18

Querido hijo:

>Aquí tenemos un pequeño "examen". Imagina que una chica estaba muriendo de sed al borde de un camino y dos de sus amigas venían por ese camino.

La primera mira a la chica sedienta y dice: "Oh, odio verte sufrir de esta manera. Me encantaría ayudarte, pero llego tarde al turno de la peluquería. Lo siento". Pero la segunda chica, corre a su casa, toma un termo con agua fría y regresa. Acerca el agua a los labios de la chica sedienta y la ayuda a beber. Ahora la pregunta: ¿cuál de las dos chicas fue la verdadera amiga? ¿Aquella que habló bien o la que trajo el agua?

Así que ¿cuál es mi enseñanza? Mantén tus palabras al mínimo y deja que tus acciones sean las que hablen.

Tu Padre y tu amigo,
>Dios.

=== =========

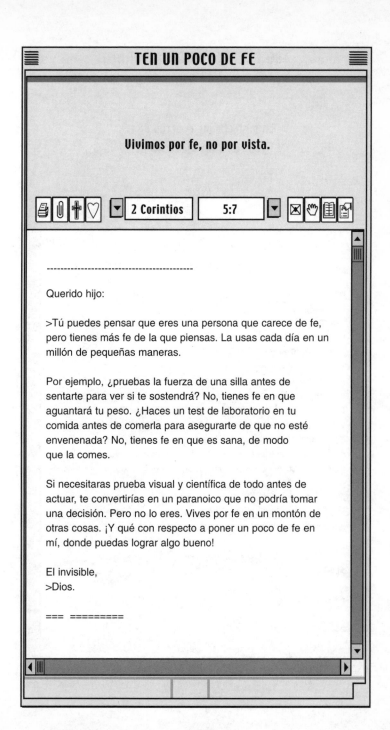

TEN UN POCO DE FE

Vivimos por fe, no por vista.

2 Corintios 5:7

Querido hijo:

>Tú puedes pensar que eres una persona que carece de fe, pero tienes más fe de la que piensas. La usas cada día en un millón de pequeñas maneras.

Por ejemplo, ¿pruebas la fuerza de una silla antes de sentarte para ver si te sostendrá? No, tienes fe en que aguantará tu peso. ¿Haces un test de laboratorio en tu comida antes de comerla para asegurarte de que no esté envenenada? No, tienes fe en que es sana, de modo que la comes.

Si necesitaras prueba visual y científica de todo antes de actuar, te convertirías en un paranoico que no podría tomar una decisión. Pero no lo eres. Vives por fe en un montón de otras cosas. ¡Y qué con respecto a poner un poco de fe en mí, donde puedas lograr algo bueno!

El invisible,
>Dios.

=== =========

NO CUENTES OVEJAS, ¡ORA!

En mi lecho me acuerdo de ti;
pienso en ti toda la noche.

Salmo 63:6

Mi querido hijo:

>Si no puedes dormir en la noche, ora. Si el diablo te mantiene despierto, solo ora. Él tratará de sacarte de esa situación, te lo garantizo.

Algunas veces yo te despertaré en la noche. No te sorprendas, solo ora para volver a dormirte. Algunas veces alguna persona en el otro lado del mundo necesita oración, y yo te despertaré para que ores por ella. Si te despiertas tarde en la noche, pregúntame, "Señor, ¿qué es esto?" Te diré cómo orar, y entonces tú orarás de esa manera. No tiene que tener sentido el por qué o por quién.

Recuerda, yo nunca duermo. De modo que no te sorprendas si te despierto en la noche y me encuentres allí. Hazme también parte de tu tiempo nocturno.

Tu Señor,
>Dios.

=== =========

Humíllense delante del Señor, y él los exaltará.

Santiago 4:10

Mi hijo:

>Mira a tu alrededor. ¿Quiénes son las personas más estresadas e infelices? ¿No son las que constantemente tratan de desprestigiar a las demás personas? ¿Las que rebajan a otras personas para quedar bien ellos?

Déjame decirte un secreto. Tú puedes ser un ganador sin rebajar a nadie. Puedes apoyar a otros en lugar de tratar de desprestigiarlos. Tu única competencia debería ser entre tú mismo como eres y tú mismo como quieres ser. En esa competencia, tu propio progreso será tu premio.

Cuando aprendas a apoyar siempre a otros sin promoverte a ti al frente, descubrirás que te levantaré.

Tu Padre,
>Dios.

=== =========

Pero estas se han escrito para que ustedes crean que Jesús es el Cristo, el Hijo de Dios, y para que al creer en su nombre tengan vida.

Juan 20:31

Querido hijo:

>Ser cristiano no es difícil. De hecho, es tan simple que cualquier joven puede serlo. Si crees que Jesús es mi Hijo que vino para perdonar a las personas y si tú quieres ser perdonado, entonces puedes ser cristiano.

Aunque ser cristiano es simple, vivir como tal a veces puede ser dificultoso. Defender lo que es correcto cuando todos los demás hacen lo que está mal, es difícil. Ocuparse de las personas que no te tratan con respeto, es difícil. Ser mi persona en lugares donde las personas no creen en mí ni honran mis palabras, es difícil.

Pero las buenas noticias son que cuando tomas la simple decisión de seguir a mi Hijo, yo estoy allí para ayudarte en los momentos difíciles.

Tu Redentor,
>Dios.

=== =========

CONFÍA EN MÍ

Mantengamos firme la esperanza que profesamos, porque fiel es el que hizo la promesa.

Hebreos 10:23

Mi hijo:

>Hay un dicho: "¿En quién puedes confiar en estos días?" Tal vez no puedes confiar en tus padres, ni en tus amigos ni en los líderes de tu iglesia. Quizás tengas una buena razón para desconfiar de ellos.

Sin embargo, la pregunta es, ¿confías en mí? Si alguien te ha herido, ese no fui yo. Nunca te lastimaría. De hecho, odio cuando eres herido. Tienes que saber que existo, que soy lo suficientemente poderoso para salvarte y que te amo intensamente. Las personas pueden dejarte caer, pero yo nunca lo haré.

No dejes de confiar en mí solo porque algunos cristianos hacen cosas crueles o estúpidas. Yo soy fiel. Mis palabras en la Biblia son verdaderas. No pierdas la esperanza en mí, porque yo nunca perderé la esperanza en ti.

Tu Padre fiel,
>Dios.

=== ========

¿QUIERES MI OPINIÓN?

¡Ya se te ha declarado lo que es bueno! Ya se te ha dicho lo que de ti espera el Señor: practicar la justicia, amar la misericordia, y humillarte ante tu Dios.

Miqueas 6:8

Querido hijo:

>¿Qué es importante para ti? Algunas personas piensan que es el dinero. Se mantienen al corriente con las últimas noticias sobre inversiones de modo de poder obtener grandes réditos. Otros piensan que es la apariencia exterior. Invierten todo en tratar de lucir bien.

¿Estás interesado en mi opinión? A mí me importan realmente tres cosas: primero, quiero que actúes justamente. Cuando haces una promesa, cúmplela. Sostén tus creencias. Segundo, quiero que ames la misericordia. Eso significa que no puedes guardar rencor. Tienes que estar dispuesto a perdonar. Y tercero, quiero que vivas humildemente ante mí, no debes querer siempre todo a tu manera, sino que debes aprender a querer la mía. Significa saber que eres mi hijo.

Tu Padre,
>Dios.

=== =========

TE CONOZCO MEJOR DE LO QUE TÚ TE CONOCES

A cada uno le parece correcto su proceder,
pero el Señor juzga los corazones.

Proverbios 21:2

Querido hijo:

>¿Crees que puedes pensar que estás bien y aún estar totalmente equivocado? ¿Has afirmado alguna vez: "La película empieza a las 19:15, ¡estoy seguro!" Y después descubres que la película empezó a las dieciocho? O tal vez te has convencido de que eres agradable con alguien por buenas razones, pero realmente lo haces para copiar su tarea.

Cualquier cosa que sea, puedes engañarte a ti mismo y a los otros, pero no puedes engañarme a mí. Puedo ver a través de tu corazón. Sé cuando eres honesto, y cuando te mientes a ti mismo. Si realmente quieres diferenciar lo bueno de lo malo, no confíes en ti. Confía en mí. Confía en mi Biblia. Yo nunca te mentiré.

Tu Conciencia,
>Dios.

=== ========

NO MALGASTES EL TIEMPO

Enséñanos a contar bien nuestros días, para que nuestro corazón adquiera sabiduría.

Salmo 90:12

Querido hijo:

>"El tiempo es la esencia." Estoy seguro que has escuchado esta expresión antes. Solo significa que el tiempo pasa.

¿Crees que el hoy es el único tiempo que puedes manejar? No puedes vivir en el ayer, y no puedes vivir en el mañana. Solo puedes vivir el ahora. Con eso en mente, no malgastes tu tiempo. Puede parecer que vivirás para siempre en la Tierra, pero no lo lograrás. De modo que ¿por qué desperdiciar el tiempo en sentimientos destructivos como el enojo y el rencor? Aprende a perdonar.

No malgastes el tiempo haciendo cosas sin importancia. Seguro, diviértete... relájate. Pero no solo te sientes a descansar. Tengo cosas maravillosas para que tú realices y experimentes, y no las descubrirás si te sientas frente al televisor todo el día. Tengo algo mejor para ti.

El Creador del tiempo,
>Dios.

=== =========

JESÚS NO VIVIÓ EN UN PALACIO

Estableceré mi morada en medio de ustedes, y no los aborreceré. Caminaré entre ustedes. Yo seré su Dios, y ustedes serán mi pueblo.

Levítico 26:11-12

Mi hijo:

>Una vez en Francia los obreros estaban amotinados porque no tenían más pan para comer. La reina los escuchó y dijo: “Bien, dénles de comer torta”. Ella estaba tan acostumbrada a estar rodeada de riqueza y lujo que ni siquiera pudo imaginar un pueblo sin comida.

Algunas personas piensan que soy como esa reina. “Dios vive en el cielo. ¿Cómo puede saber por lo que nosotros, los humanos, atravesamos?” Pero yo lo sé, porque elegí vivir contigo. Tanto es así que mi Hijo, que también es Dios, se convirtió en un hombre. No solo visitó la Tierra, sino que se convirtió en un ser humano. En la cruz Jesús sintió todo el dolor que cualquier hombre puede sentir. De modo que sí, puedo comprender tu pena. Sé cómo es. Estoy contigo.

Tu Padre,
>Dios.

=== =========

¡ERES LIBRE!

Cristo nos libertó para que vivamos en libertad. Por lo tanto, manténgase firmes y no se sometan nuevamente al yugo de esclavitud.

Gálatas 5:1 | El Mensaje

Mi hijo:

>Jesús pagó con su sangre para darte libertad espiritual. Creó una senda desde las cadenas hacia la libertad. Pagó el precio final para liberarte de los "deberes" y "obligaciones" del orden religioso.

Aquí tenemos cómo vivir en libertad: Conoce que soy real. No tienes que esperar que sea real o que finja serlo. ¡Soy real!

Conóceme. ¿Cómo? La oración es una gran manera. También lo es leer la Biblia. Pero no hagas de aquellas cosas un reglamento duro y estricto. No te amaré más porque ores o leas la Biblia una cierta cantidad de tiempo cada día. Pero sí te ayudará a conocerme mejor. Eso será la recompensa.

Ama a todos, aún a los que no entienden el vivir en libertad. Y finalmente, no permitas que alguien te coloque en un estrecho saco espiritual. ¡Tú eres libre!

Tu Emancipador,
>Dios.

=== =========

SÓLO VEN A MÍ

Señor, mi corazón no es orgulloso, ni son altivos mis ojos; no busco grandezas desmedidas, ni proezas que excedan a mis fuerzas. Todo lo contrario: he calmado y aquietado mis ansias.

Salmo 131:1-2a

Querido hijo mío:

>Algunas personas son curiosas. Quieren entender cómo obra todo, y eso es bueno. Pero nadie me entenderá completamente. ¡Te volverás loco si tratas de probar a alguien que realmente existo!

No necesitas saber todo acerca de mí para confiar en mí. Piensa en un interruptor de luz. Te aseguro que no entiendes completamente cómo ese interruptor en un momento permite que electrones corran a través de un cable y enciendan una lamparita. Aún los electricistas y físicos están asombrados de cómo esto funciona. Pero eso no te detiene de encender las luces.

Confía en mí. Yo obro por ti. Soy real. De modo que ven a mí como un niño pequeño y déjame suplir tus necesidades. No necesitas probar mi existencia para ser mi amigo.

Solo conoce que Yo soy,
>Dios.

=== ========

APRENDE A SER UN RECEPTOR DE AMOR

Yo, por mi parte, mediante la ley he muerto a la ley, a fin de vivir para Dios.

Gálatas 2:19 | El Mensaje

Querido hijo:

>A menos que puedas obedecer cada ley hasta la última letra, no puedes decir que has guardado la ley. Y nadie puede guardar cada letra de cada ley. De modo que nadie puede ser un hacedor de la ley. Así como tampoco puedes estar bien conmigo aun si trabajas lo suficientemente duro.

De modo que si no puedes ganar tu camino hacia mi corazón por ser lo suficientemente bueno o por trabajar lo suficientemente duro, ¿qué puedes hacer? Solo puedes ser mío si aceptas y abrazas mi amor. Lo he hecho tan simple que actualmente esto vuelve locas a las personas. Hacen cosas por mí en lugar de recibir lo que he hecho por ellos. Me dan cosas en lugar de recibir el regalo que tengo para darles.

La verdad que permanece es que solo puedes ser un hombre o una mujer de Dios cuando aprendas a ser un receptor de amor.

Tu Padre,
>Dios.

=== =========

YO TRAIGO EL GOZO

El Espíritu del Señor [...] Me ha enviado [...] a confortar a los dolientes [...] a darles una corona en vez de cenizas, aceite de alegría en vez de luto, traje de fiesta en vez de espíritu de desaliento.

Isaías 61:1-3

Mi hijo:

>Sabes que puedes estar en Disney World en el medio de todo el color y la diversión, y sentirte vacío por dentro. Tal vez algunas veces te sientes de esa manera. Pero cuando parece que nada puede animarte, ¡vuélvete a Jesús!

Jesús podría no traerte un regalo o no hacerte una mueca divertida, pero te hará feliz en el interior, que es donde realmente importa. Él puede cambiar tu perspectiva, porque donde Él está, hay libertad. Pídele a Jesús que venga y anime tu corazón. Entrégale tu depresión –tus cenizas– y deja que te corone con belleza

Yo estoy contento, y quiero que tú estés contento... no con una clase de felicidad de una sonrisa falsa, sino con una clase de felicidad que salga de lo profundo de tu corazón.

Tu Dador de gozo,
>Dios.

=== ========

UN AMIGO PROBADO

Y este es mi mandamiento: que se amen los unos a los otros, como yo los he amado. Nadie tiene amor más grande que el da la vida por sus amigos.

Juan 15:12-13

Querido hijo:

>¿Tienes un buen amigo? ¿Estarías dispuesto a morir por él o por ella? Es fácil decir sí ahora, pero ¿qué sucedería si alguien pone un revolver en tu cabeza? ¿Hay alguien en tu vida a quien ames tanto como para morir por él?

Jesús te ama de esa manera, y para probarlo murió por ti. Murió para que supieras que era tu amigo. Jesús no es solo un sujeto santo, lejano, distante, con un manto blanco y barba. Es alguien que quiere llamarte amigo. Tú puedes hablarle cuando oras y contarle acerca de tu día. Puedes decirle lo que te gusta y lo que no te gusta.

Debes conocer a Jesús como tu amigo. Vive con mi hijo. ¡Él es una gran compañía!

El Papá de Jesús,
>Dios.

=== =========

RESPETA SU SANTA CASA

¿No saben que ustedes son templo de Dios y que el Espíritu de Dios habita en ustedes?

1 Corintios 3:16 | El Mensaje

Querido hijo mío:

>Tu cuerpo es el lugar sagrado donde mi Hijo quiere vivir. Él solo necesita ser invitado a entrar, y hará su hogar en ti.

Una vez que Jesús se ha mudado dentro de ti, querrá que trates su casa –tu cuerpo– como un lugar de honor. Así como tú no querrías a alguien que vaya a tu casa y arroje un montón de basura o escriba las paredes, Él no quiere que tú o alguien más trate tu cuerpo sin respeto porque Él vive allí. Lo que comas, bebas, leas, mires y pienses, todo eso entra en la casa de mi Hijo.

Asegúrate de solo entrará lo que le agradará a Él. Y que también tus amigos entiendan las reglas de la casa. ¡Bienvenido hoy a casa, Jesús!

Tu Creador,
>Dios.

=== ========

ESTOY AQUÍ POR TI

Despreciado y rechazado por los hombres, varón de dolores, hecho para el sufrimiento. Todos evitaban mirarlo; fue despreciado, y no lo estimamos.

Isaías 53:3

Hijo mío:

>Tal vez pienses que Jesús nunca fue herido en sus sentimientos. Tal vez pienses que ni siquiera tuvo sentimientos como tú los tienes, a causa de que Él era Dios.

Bien, Él era Dios, pero también era un ser humano. De modo que sintió dolor y rechazo cuando las personas fueron crueles con Él. Te diré algo más: cuando lo hirieron, también me herían a mí. Lo mismo es contigo. Cuando las personas te lastiman, me lastiman a mí. Cuando tu corazón se quiebra, mi corazón también se quiebra.

Así que en uno de esos días realmente agotadores, cuando sientas como si tu corazón ha sido pateado como una pelota de fútbol y a nadie le interesa, recuerda que a mí me interesa. Ven a mí, te consolaré así como lo hice con Jesús. Estoy aquí por ti.

Tu Consolador,
>Dios.

=== =========

DEJA QUE EL AMOR TOME POSESIÓN

El amor perfecto hecha fuera el temor. El que teme espera el castigo, así que no ha sido perfeccionado en el amor.

1 Juan 4:18 | El Mensaje

Mi hijo:

>El temor es una de las emociones más destructivas y paralizantes en el mundo. Puede impedirte que realices tus sueños, que hagas las cosas que te darán felicidad.

El temor golpea a diferentes personas de distintas maneras. Algunas temen al fracaso; otras temen al éxito. Algunas temen a la muerte y otras temen a la vida. Algunas temen a la crítica que les impide encaminarse hacia sus sueños.

Déjame decirte un secreto que librará tu vida del temor. Un corazón que está lleno con amor no tiene lugar para el temor. Como mi amor entra y toma posesión, el temor tiene que irse y encontrar otro lugar donde estar. De modo que permíteme llenarte con mi amor y observa desaparecer el temor.
¡El amor es mi especialidad!

Siempre amor,
>Dios.

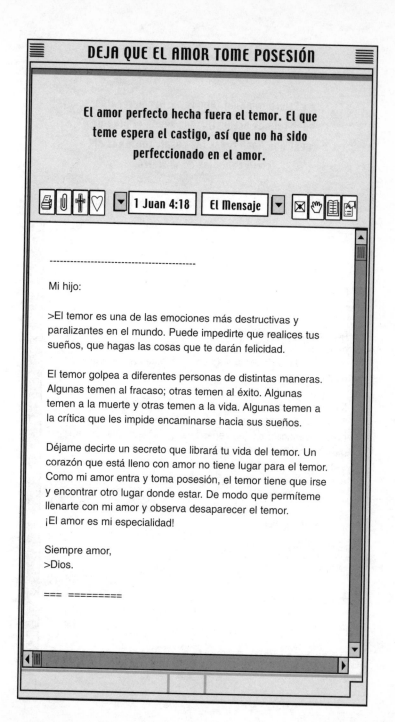

=== =========

JESÚS HA DISEÑADO TU VIDA

En Cristo también fuimos hechos herederos, pues fuimos predestinados según el plan de aquel que hace todas las cosas, tanto las del cielo como las de la tierra.

Efesios 1:11 | El Mensaje

Mi joven:

>Cuando te inscribes en una escuela superior, te toman un test vocacional para descubrir a qué especialidad deberías dedicarte. Dicho test puede ser de ayuda, pero la verdad es que no podrías aprender y aprobar las materias solo por hablarle a mi Hijo.

Mucho antes de haber escuchado de Jesús, Él sabía todo acerca de ti. Sabía quién ibas a ser. Sabía en qué estarías más interesado y en qué serías bueno. Incluso tenía un plan para que tú realizaras en la vida. Tú puedes ignorar ese plan si así lo quieres, pero si lo haces, te perderás la diversión y aventura de descubrir tu verdadero propósito en la vida.

Jesús quiere conducirte en esta aventura. ¿Cómo? ¿Estás dispuesto a seguirlo?

Tu Guía,
>Dios.

=== ========

Entonces Jesús le dijo: –Yo soy la resurrección y la vida. El que cree en mí vivirá, aunque muera.

Juan 11:25

Mi hijo:

>¿Qué sucedería si eres llamado fuera de tu clase en la escuela para recibir el mensaje de que alguien a quien amas ha muerto, –un padre, un abuelo, una hermana, un hermano, o un buen amigo–? Probablemente nunca pensaste en ello.

Pero eventualmente tendrás que tratar con la muerte, es algo seguro. Pero la muerte no es el fin de las personas que creen en mí. Es solo un paso entre la Tierra y el cielo. En la Tierra hay muchas cosas bonitas, así como también problemas y penas. La vida en el cielo está llena de belleza, gozo y paz eterna. No alcanzas el cielo por ser lo suficientemente bueno; solo llegas allí si crees en Jesús. Él es la puerta.

Tu Padre eterno,
>Dios.

=== ========

EL REGALO QUE TE CAMBIA

Porque por gracia ustedes han sido salvados mediante la fe; esto no procede de ustedes, sino que es el regalo de Dios.

Efesios 2:8

Querido hijo:

>¿Qué es lo que te impide recibir mi regalo de una nueva vida? ¿Piensas que si la recibes tendrás que cambiar y ser perfecto? ¿Qué yo me volveré loco si te desorganizas?

Ese no es el trato. De hecho, es totalmente contrario: lo que te ofrezco es un regalo. Y un regalo es algo gratis. Tú no lo puedes ganar con tu buen comportamiento. No cambias para merecer el regalo. Recibes el regalo, y ¡este te cambia!

¿Qué es exactamente el regalo? ¿De qué trata la nueva vida? Es acerca del perdón, la libertad y la amistad conmigo. Es acerca de una profunda felicidad que jamás has experimentado y un sentimiento interior de calma y paz que no puedes encontrar en otro lado. Cree en mí. ¡Recibe tu regalo gratis!

Tu Padre celestial,
>Dios.

=== =========

¿SER UN PORTERO?

El que es más insignificante entre todos ustedes, ese es el más importante.

Lucas 9:48b

Mi hijo:

>Los títulos, proezas y premios no me impresionan. A menudo estoy más impresionado por el corazón del portero que por el presidente de una compañía. Las personas en la cima algunas veces usan a otros en lugar de servir a otros.

Pero si eres un portero, ¿a quién vas a usar? Como portero, tú estás siempre sirviendo a otros. Tienes que ir a trabajar cada día dispuesto a limpiar el desorden que provocan las demás personas. Este es el tipo de servicio que me impresiona. Mi Hijo podía haber venido a la Tierra como un rey o un presidente, pero lo hizo como un siervo.

Cuando veo a alguien dispuesto a servir a otros, yo lo levantaré, porque sé que puedo confiar en él.

Tu Siervo,
>Dios.

=== ========

TOMA EL RIESGO

Entonces Jesús afirmó: –"Ciertamente les aseguro que el hijo no puede hacer nada por su propia cuenta, sino solamente lo que ve que su padre hace, porque cualquier cosa que hace el padre, la hace también el hijo".

Juan 5:19

Querido hijo mío:

>Muchas personas creen que Jesús debe haber tenido alguna clase de plan proyectado para su vida, que cada día se levantaba y se movía tranquilamente desde el punto A al punto B y luego al punto C. ¡Están equivocados!

Jesús no sabía lo que iba a hacer de un minuto para el otro. Él solo mantenía sus ojos en mí, y yo le daba la agenda del día. Se levantaba cada mañana, nunca seguro de lo que el día le traería, pero dispuesto a escucharme y a hacer las cosas a mi manera. Conocía las Escrituras de tapa a tapa.

Quiero la misma clase de vida para ti, de modo que comienza por leer mi Palabra. Practica: mantén tus ojos en mí, y cuando yo te muestre qué hacer, toma el riesgo y ¡solo hazlo! Confía en mí. Mis sueños para ti son más grandes de que lo puedes haberme pedido o pensado.

El Planificador de tu vida,
>Dios.

=== =========

TENGO UN REGALO PARA TI

**Me llenarás de alegría en tu presencia
y de dicha eterna a tu derecha.**

Salmo 16:11b

Mi hijo:

>¿Qué te da placer? Para algunos, una final de un campeonato de fútbol. Para otros, es una tranquila caminata en el parque disfrutando de las flores o comprando el nuevo CD en vivo de su banda favorita.

Los placeres de la vida te harán feliz de estar vivo. Ahora piensa acerca de los placeres eternos, placeres que durarán para siempre. Muchos de los placeres del mundo se gastan en poco tiempo, como un juguete de Navidad que después de una semana ya no tiene nada de diversión. Pero los placeres que yo doy nunca se desgastan.

¿Estás interesado? Entonces toma algo de tiempo y conóceme. Las personas que me conocen son las que descubren mis placeres eternos.

Tu Dador de regalos,
>Dios.

=== ========

SOLO SÉ TÚ

Tú creaste mis entrañas; me formaste en el vientre de mi madre. ¡Te alabo porque soy una creación admirable! ¡Tus obras son maravillosas, y esto lo sé muy bien!

Salmo 139:13-14

Mi querido hijo:

>Algunas veces no te gusta tu apariencia y me culpas. Preguntas: "¿Por qué no me diste una piel perfecta como esta otra persona, o un cuerpo perfecto como aquella?"

Es que dejas que las revistas y películas definan modelos para ti. Escuchas las mentiras de un mundo hambriento de dinero. Quieren venderte tratamientos para la piel y libros de dietas, de modo de convencerte de que algo está mal contigo. ¿Recuerdas cuando Jesús encontró a los cambistas de dinero haciendo negocios en el templo? ¡Fue una ametralladora!

Tú eres el templo en el que mi Espíritu quiere hacer un hogar, y me enfurece ver a estos contrabandistas cuando tratan de venderte una mentira. Yo soy el que te ideó, y ¡amo lo que hice! Eres el único tú que tengo. ¡Solo sé tú!

Tu Creador,
>Dios.

=== ========

HABLEMOS HOY

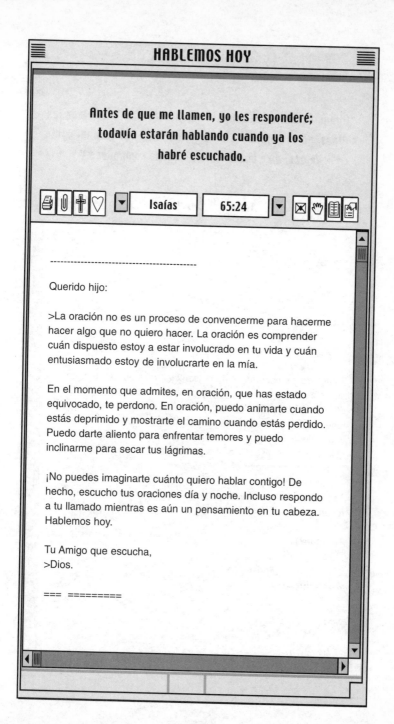

Antes de que me llamen, yo les responderé; todavía estarán hablando cuando ya los habré escuchado.

Isaías 65:24

Querido hijo:

>La oración no es un proceso de convencerme para hacerme hacer algo que no quiero hacer. La oración es comprender cuán dispuesto estoy a estar involucrado en tu vida y cuán entusiasmado estoy de involucrarte en la mía.

En el momento que admites, en oración, que has estado equivocado, te perdono. En oración, puedo animarte cuando estás deprimido y mostrarte el camino cuando estás perdido. Puedo darte aliento para enfrentar temores y puedo inclinarme para secar tus lágrimas.

¡No puedes imaginarte cuánto quiero hablar contigo! De hecho, escucho tus oraciones día y noche. Incluso respondo a tu llamado mientras es aún un pensamiento en tu cabeza. Hablemos hoy.

Tu Amigo que escucha,
>Dios.

=== =========

TE AMO PARA SIEMPRE

"Aunque cambien de lugar las montañas y se tambaleen las colinas, no cambiará mi fiel amor por ti ni vacilará mi pacto de paz, dice el Señor, que de ti se compadece."

Isaías 54:10

Querido hijo:

>Te he elegido para que seas mío. Quiero tener una relación personal contigo. Aunque te apartaras de mí –aún si me odiaras– yo continúo amándote.

Tu actitud y comportamiento no cambian mi amor por ti. Si te alejas de mí, si te aislas, yo sigo queriendo estar contigo. Es como cuando cierras la canilla, ¿desaparece el agua de la tubería? No, permanece allí, espera que la abras nuevamente. Yo soy como el agua. Estoy aquí... y espero. Te quiero como mi hijo. Ni la desobediencia o la rebeldía de tu parte pueden cambiar eso.

Te he elegido, y nunca te rechazaré. Por favor, no te alejes de mi amor.

Tu Padre fiel,
>Dios.

=== =========

¿Y CON RESPECTO A LA MALDAD?

Por eso el Señor los espera, para tenerles piedad; por eso se levanta para mostrarles compasión. Porque el Señor es un Dios de justicia. ¡Dichosos todos los que en él esperan!

Isaías 30:18

Querido hijo:

>¿Por qué hay maldad en el mundo? Si yo soy tan poderoso, entonces ¿por qué dejo que ocurran las cosas malas? Es así como lo explico: he elegido permitir a las personas tomar sus propias decisiones, y muchas han decidido actuar en mi contra.

Cuando las personas se ponen en mi contra y en contra de mi bondad, eso es maldad. Pero yo odio la maldad, y la odio cuando las personas son heridas. Las buenas nuevas son que, cuando las personas deciden obedecerme, dejarme estar en el control, las veo como justas.

¿Alguien te ha hecho mal? Yo no lo hice. Yo quiero protegerte, amarte y bendecirte. Elígeme, y tu vida será mejor, aunque vivas en un mundo lleno de maldad. Al final, destruiré toda la maldad. Hasta entonces, elige mi camino. Te amo mucho.

El Señor de justicia,
>Dios.

=== =========

UNA GRATIFICACIÓN ADICIONAL

La paz les dejo: mi paz les doy. No se la doy a ustedes como la da el mundo. No se angustien ni se acobarden.

Juan 14:27 | El Mensaje

Mi hijo:

>La mayoría de las personas viven con caos y conflictos en sus vidas: por fuera conflictos con otras personas y situaciones, y por dentro conflictos entre diferentes opiniones e ideas en sus propias cabezas.

Jesús quiere darte paz. Cuando recibes su amor, su paz es una gratificación adicional. Cuando abrazas su amistad, serás capaz de establecerle, como el Sol, en el centro de tu sistema solar personal. Entonces, todas las luchas y conflictos caóticos tenderán a aquietarse. Todas las preguntas se aclararán. Todas las cosas por las que te preocupas, se alinean y giran en torno a Jesús, que te da su gracia, como los planetas se mantienen en órbita. Y Él te dará paz.

Por siempre paz,
>Dios.

=== =========

PERMITE QUE MIS PALABRAS SE TORNEN EN ACCIONES

"Si ustedes me aman, obedecerán mis mandamientos."

Juan 14:15 | El Mensaje

Mi hijo:

>Cuando comienzas a amarme –a amarme realmente– algo ocurrirá en tu vida. Te enamorarás de mis palabras, y mis palabras se mostrarán en tus acciones.

Todos los secretos que te he pasado, las historias que he dicho, los misterios que he explicado, la guía que he dado, te afectarán en tu diario vivir. Cada aspecto de tu vida será tocado: tus decisiones, tus amistades, tus actitudes y tu fe. Mis palabras serán como un programa que almacena en tu corazón y mente, y comenzarás a responder a lo que he dicho tan fácilmente como una computadora responde al programa que está operando.

¡La vida es excitante cuando mis palabras afectan tus acciones! Permite que mis palabras hagan una diferencia.

Tu Programador,
>Dios.

=== ========

SUPLIRÉ TODAS TUS NECESIDADES

He aprendido a estar satisfecho en cualquier situación (...) Todo lo puedo en Cristo que me fortalece.

Filipenses 4:11b, 13

Querido hijo:

>El contentamiento es una valiosa comodidad. Algunas personas tienen botes, autos, casas grandes y dinero, pero no puede hallar contentamiento. ¿Es bueno tener tantas cosas si no están satisfechas con ellas?

El contentamiento es algo que solo yo puedo darte. Pablo, uno de mis hijos, pasó mucho de su vida en prisión. Pero incluso allí, estuvo contento porque conocía esta verdad: "Jesús me da todo lo que necesito". A pesar de su situación, Pablo sabía que Jesús cuidaría de él.

Confía en mí para suplir tus necesidades, y siempre estarás contento. Solo yo puedo satisfacer tus necesidades... y lo haré.

El Dador del contentamiento,
>Dios.

=== ========

LOS INGREDIENTES FRESCOS HACEN LA DIFERENCIA

Por último, hermanos, consideren bien todo lo verdadero, todo lo respetable, todo lo justo, todo lo puro, todo lo amable, todo lo digno de admiración, en fin, todo lo que sea excelente o merezca elogio.

Filipenses | 4: 8 El Mensaje

Querido hijo:

>Todo buen cocinero te dirá que el éxito de un plato depende de las frescura de los ingredientes. Trata de hacer un delicioso estofado con carne rancia y verduras en mal estado, y no importa las especias que agregues o cuánto tiempo lo cocines, vas a terminar con algo de sabor terrible.

En cambio, cuando comiences con verduras buenas y frescas, y carne de primera y agregas la correcta combinación de especias, ¡querrás una segunda porción! El mismo principio se aplica a tu vida. Si llenas tu cabeza con ingredientes en mal estado, como violencia, odio y otras basuras, vas a terminar con una vida lejos de ser deliciosa.

Usa mi receta favorita: llena tu mente con lo que es verdadero, hermoso y bueno; agrega mi amor, y luego disfruta de la mejor vida que ¡jamás hayas probado!

Tu chef,
>Dios.

=== =========

Porque así dice el Señor Omnipotente, el Santo de Israel: "En el arrepentimiento y la calma está su salvación, en la serenidad y la confianza está su fuerza."

Isaías 30:15a

Querido hijo mío:

>Arrepentimiento es solo una fantástica palabra que significa "girar". Literalmente significa "cambiar tu mente".

Mi consejo es que cambies tu mente acerca de todas las ocupaciones en tu vida. La mayoría de las personas piensan que cuanto más planean y más hagan, más seguros y fuertes serán. Yo lo veo de manera diferente. Quiero que te calmes y tomes tiempo para estar tranquilo. Descansa y confía en mí y te ayudaré a ser fuerte y exitoso. Esto no significa que nunca tengas que planear o actuar, sino que significa que si todo lo que haces es planear y obrar, te perderás lo mejor que tengo para ti.

Apartar tiempo para estar conmigo durante un día ocupado, siempre es una buena idea. Mientras esperas en mí, te daré la fuerza que necesitas. ¡Tranquilízate un poco!

Tu Consejero,
>Dios.

=== =========

DESPUÉS ME LO AGRADECERÁS

"Hijo mío, no tomes a la ligera la disciplina del Señor ni te desanimes cuando te reprenda, porque el Señor disciplina a los que ama, y azota a todo el que recibe como hijo."

Hebreos 12:5b-6

Mi hijo:

>Piensa en un atleta que corre en el maratón y en su entrenador. Algunos días el corredor no se sentirá con ganas de practicar, pero el entrenador lo motivará a hacerlo. El corredor podría odiar a su entrenador durante el período de entrenamiento, pero el día de la carrera, después que conquistó la victoria, ambos, corredor y entrenador se alegrarán.

Yo soy tu entrenador para la vida. Te desafiaré y disciplinaré en la preparación para la victoria. Tengo una carrera para que corras. Hay cosas que quiero que realices. Te valoro a ti y a tu éxito. Te corrijo porque te amo, y quiero que triunfes. Descansa y confía en mí.

Tu entrenador,
>Dios.

=== =========

TÚ PUEDES SER COMO JESÚS

Porque a los que Dios conoció de antemano, también los predestinó a ser transformados según la imagen de su Hijo, para que él sea el primogénito entre muchos hermanos.

Romanos 8:29

Querido hijo:

>¿A quién de tu familia te pareces? ¿A tu hermano, a tu mamá, a tu hermana o a tu papá? ¿Sabías que cuando eres adoptado como un hijo en mi familia espiritual, te pareces a tu hermano mayor, Jesús?

No físicamente, claro, pero cada día tu corazón, tus pensamientos y tus acciones me recuerdan a Él. Y cuanto más tiempo estés con Él, más actuarás como Él. Quiero que te ocupes de las personas heridas, con corazones quebrados, y de aquellos que son más débiles que tú... así como Él lo hizo. Créeme, sé que es difícil. Su bondad es imposible de imitar por tus propios medios.

Pero cuando te lleno de mi Espíritu Santo, tendrás el poder de vivir y amar como Jesús. Déjame hacerte más como Él. ¡Puedo hacerlo!

Tu Padre amoroso,
>Dios.

=== =========

CONFÍA EN MÍ SIN IMPORTAR LO QUE SUCEDA

Si nos arroja al horno en llamas, el Dios al que servimos puede librarnos (...) Pero aun si nuestro Dios no lo hace así, sepa usted que no honraremos a sus dioses ni adoraremos a su estatua.

Daniel 3:17-18

Mi hijo:

>Una vez un rey trató de forzar a tres jóvenes a adorarlo, pero ellos no lo hicieron. ¿Por qué? Yo les dije que no adoraran a nadie sino a mí.

Entonces el rey se enojó y decidió que murieran en un horno de fuego. Y los tres jóvenes dijeron al rey: "Dios va a salvarnos, pero aún si no lo hace, continuaremos obedeciéndolo". El final de la historia es que los salvé. Pero el punto que resalta es que estaban dispuestos a adorarme más allá de si yo los salvaba o no.

Aún busco jóvenes que tomen una actitud hacia mí como lo hicieron aquellos tres. Sabré que eres verdaderamente sincero conmigo cuando decidas obedecerme, no a causa de lo que pueda hacer por ti, sino simplemente porque me amas. Yo también te amo.

Tu Libertador,
>Dios.

=== =========

NADA ES IMPOSIBLE

Porque para Dios no hay nada imposible.

Lucas 1:37

Querido hijo mío:

>¿Estás atravesando por algo, justo ahora, que parece totalmente imposible? Cuanto más te preocupes e inquietes por ello, más imposible parece. ¿Lo has mirado desde cada frente, calculado desde cada ángulo, tratado todo lo humanamente posible y aún no sabes qué hacer? ¡Bien!

He esperado que dejes las respuestas humanas. Ahora es el tiempo de tener fe, fe en mí y en mi fuerza. Ahora es el momento para recordar que yo estoy contigo en medio de este problema. Y cuando estoy contigo, ¡nada es imposible!

Traeré posibilidades ilimitadas a tus situaciones "imposibles" si solo confías en mí. No te dejaré caer. Te lo prometo.

Poderosamente tuyo,
>Dios.

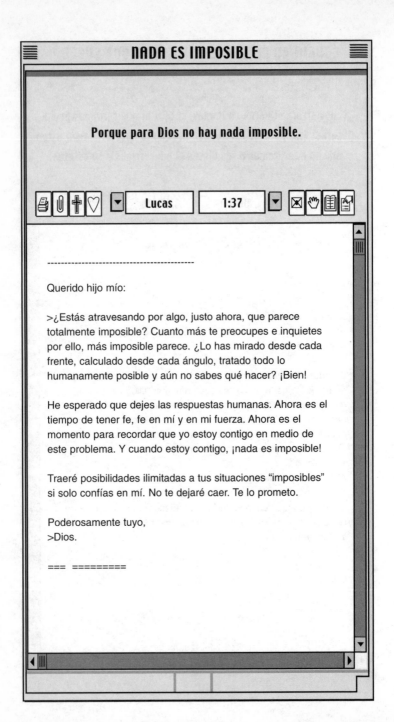

=== =========

"Les aseguro que todo lo que hicieron por uno de mis hermanos, aun por el más pequeño, lo hicieron a mí."

Mateo 25:40

Mi hijo:

>¿Has pensado alguna vez que si pudieras ver a Jesús con tus propios ojos, sería más fácil para ti creer en Él? ¿Te sorprendería saber que puedes verlo? De hecho lo haces ¡cada día! Miras directamente a su rostro, pero no lo reconoces.

Él es el portero de tu escuela y el chico o la chica con impedimentos físicos o mentales que siempre se siente discriminado. Es el maestro que a nadie le gusta y el compañero con el que nadie quiere comer. Camina por las calles y anda en medio del tránsito. Él es la mujer harapienta que recoge chatarra, y el anciano que vende diarios en la esquina.

Jesús usa millones de disfraces, y quiere que lo veas en el rostro de las personas. Si quieres amar y servir a Jesús... ama y sirve a otras personas.

El Padre de Jesús,
>Dios.

=== =========

FUERZAS RENOVADAS

El fortalece al cansado y acrecienta las fuerzas del débil.

Isaías 40:29

Querido hijo:

>¿Te has sentido agotado alguna vez? ¿Sentiste que tienes por delante cuarenta y ocho horas de trabajo, y solo cuatro horas para hacerlo? Cuando estás exhausto física y mentalmente, clama a mí. Yo puedo reducir la gran cantidad de trabajo ¡a la mitad!

Si te detienes y me escuchas, te mostraré las maneras más rápidas y eficientes de tener el trabajo hecho. Algunas de las cosas que haces podrían no necesitar ser hechas. Y por encima de todo, después de pasar tiempo conmigo, serás fortalecido en tu mente y cuerpo. Mi amor es como una vitamina espiritual que te refresca y te anima. Cinco minutos conmigo podría ahorrarte horas de trabajo.

De modo que cuando sientas que no puedes continuar... ¡no lo hagas! Toma una pausa y déjame renovar tu fuerza.

Tu Rejuvenecedor,
>Dios.

=== =========

DA CON ENTUSIASMO

También vio a una viuda pobre que echaba dos moneditas de cobre. –Les aseguro –dijo [Jesús]– que esta viuda pobre ha echado más que todos los demás [...] Todos ellos dieron sus ofrendas de lo que les sobraba; pero ella, de su pobreza, echó todo lo que tenía para su sustento.

Lucas 21:2-4

Querido hijo:

>Las personas ricas que tratan de comprar mi aprobación dándome dinero, no me impresionan ni siquiera un poquito. Si un millonario solo me da cien dólares, no me entusiasma mucho. Eso es como monedas para él que es rico. Pero si una persona realmente pobre me da diez centavos, amo su dádiva, porque sé con cuánto sacrificio lo dio.

Déjame contarte un secreto. Si quieres saber lo que es realmente importante para la mayoría de las personas, echa una mirada a cómo gastan su tiempo y dinero. Lo más importante para mí no es el importe de la dádiva, sino el espíritu generoso detrás de ella y la alegría y el corazón con el que es dada. Quiero todo tu corazón.

Entusiastamente,
>Dios.

=== ========

JESÚS AUN CALMA TORMENTAS

Él se levantó, reprendió al viento y ordenó al mar: —¡Silencio! ¡Cálmate! El viento se calmó y todo quedó completamente tranquilo.

Marcos 4:39

Querido hijo mío:

>Una noche cuando Jesús y sus amigos estaban en el mar, sobrevino una feroz tormenta y todos entraron en pánico... todos excepto Jesús.

Jesús estaba recostado en la popa, durmiendo. Eso no les parecía bien a sus amigos. Estaban molestos con Él porque dormía en medio de la gran catástrofe que soportaban. ¿Qué hizo Jesús? Se levantó y dijo una palabra al viento y a las olas: "¡Silencio! ¡Cálmate!", y la tormenta cesó.

Jesús todavía hace cosas impresionantes como aquella. No importa la clase de tormenta en la que te encuentres, háblale a Jesús de ella. Dile lo que necesitas. Él puede hablar a las circunstancias en tu vida, y conocerás su paz. Jesús calma tus tormentas.

Pacíficamente tuyo,
>Dios.

=== =========

¿PAJA O LADRILLO?

Siempre tengo presente al Señor; con él a mi derecha, nada me hará caer.

Salmo 16:8

Mi hijo:

>¿Conoces la historia de "Los tres chanchitos"? (sé que eres maduro, pero tenme paciencia). Los dos chanchitos insensatos construyeron sus casas de paja y madera. Aquellas casas no eran a prueba del gran lobo feroz. Pero el chanchito sabio construyó su casa de ladrillos, y el lobo no podía derribarla.

El chanchito sabio no confiaba en sus habilidades de albañil ni en su propia fuerza. Confiaba en una cosa: la solidez del ladrillo.

Si piensas que eres lo suficientemente inteligente para derrotar al diablo con tu propia fuerza, él te comerá. Solo hay una cosa que evitará que el diablo te derrote... ponerme a mí en el primer lugar de tu vida. Entonces, como el chanchito sabio, podrás reírte del lobo feroz. Así que si yo fuera tú, confiaría en mí.

Tu fortaleza,
>Dios.

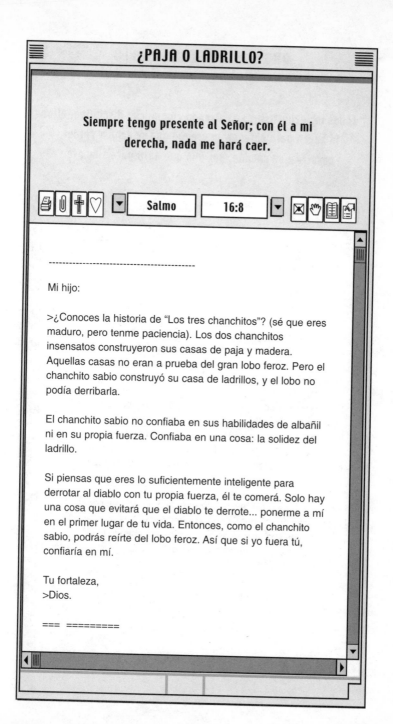

=== =========

ORO QUE NO PIERDE BRILLO

Todos los deportistas se entrenan con mucha disciplina. Ellos lo hacen para obtener un premio que se echa a perder; nosotros, en cambio, por uno que dura para siempre.

1 Corintios 9: 25 | El Mensaje

Querido hijo:

>Cuando te entrenas para correr una carrera o para participar en un campeonato con tu equipo, tienes que dedicar mucho tiempo para las prácticas. Programas tus ejercicios y te concentras en las reuniones de estrategia con tu entrenador. Transpiras mucho.

Si todo resulta de la manera que esperas, ocuparás un lugar en el podio. Experimentarás la satisfacción de ganar la recompensa por tu duro trabajo. Pero además del sano orgullo que el triunfo te produce, todo lo que tendrías para mostrar es una medalla, copa o trofeo que está destinado a perder lustre.

Pero mientras vivas tu vida para mí, la medalla que ganas está hecha de oro que nunca se ennegrece. Y la satisfacción que sentirás cuando entres a mi reino será cuando me escuches decir: "¡Bien hecho, buen siervo y fiel!", de modo que ¡vé por el oro!

El que te recompensa,
>Dios.

=== =========

DÉJAME CONDUCIR

–Si alguien quiere ser mi discípulo, tiene que negarse a sí mismo, tomar su cruz y seguirme. Porque el que quiera salvar su vida, la perderá; pero el que pierda su vida por mi causa, la encontrará.

Mateo 16:24-25 | El Mensaje

Mi querido hijo:

>Voy a asignarte una gran tarea. Saca tus manos del manillar (manubrio). Esta bicicleta –tu vida– solo necesita un conductor, y quiero que me dejes ese lugar. Si puedes hacerlo, ¡te prometo el viaje de tu vida!

Pedalearemos juntos a través de lugares sorprendentes y dificultosos. Algunas veces tú me dirás: "No, Padre, ¡esto es demasiado peligroso!" Pero yo simplemente responderé: "Descansa, y confía en mí. Este es el camino". Lo que te sugiero no es un programa de autoayuda. No habrá resoluciones de un nuevo año, ni será pasar una nueva hoja. Tú y yo vamos hacia una gran aventura, y yo soy el único que tiene el mapa. ¡Así que... descansa!

Tu Guía,
>Dios.

=== =========

SOY UN EXPERTO EN AMARTE

"–El más importante [mandamiento] es: (...) 'Ama al Señor tu Dios con todo tu corazón, con toda tu alma, con toda tu mente y con todas tus fuerzas'. El segundo es: 'Ama a tu prójimo como a ti mismo"'.

Marcos 12:29-31

Mi hijo:

>Alguien le pidió a Jesús que nombrara mi mandamiento más importante. Él dijo que era amar a Dios con todo el corazón. Después agregó que la segunda regla más importante era amar a las personas como a nosotros mismos.

Jesús tenía razón. Pero si no te amas a ti mismo, ¿cómo puedes amar a los demás? Si siempre encuentras fallas en ti, si te desmereces constantemente con cualquier cosa, probablemente actuarás de la misma manera con los demás. De modo que el paso para amar a otros es aprender a amarte a ti mismo.

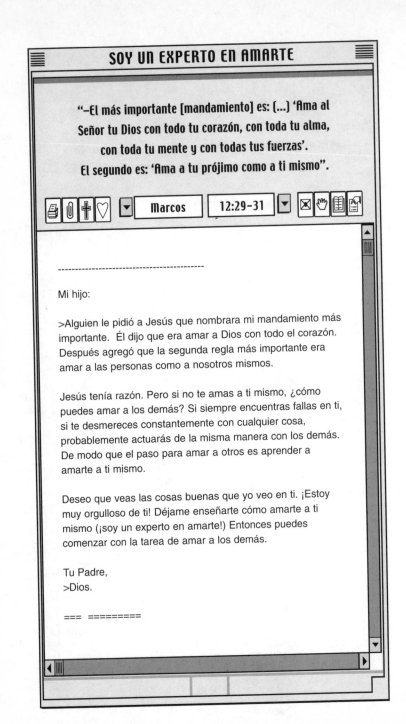

Deseo que veas las cosas buenas que yo veo en ti. ¡Estoy muy orgulloso de ti! Déjame enseñarte cómo amarte a ti mismo (¡soy un experto en amarte!) Entonces puedes comenzar con la tarea de amar a los demás.

Tu Padre,
>Dios.

=== =========

PERDÓNALO Y DÉJALO IR

Pedro se acercó a Jesús y le preguntó: –Señor, ¿cuántas veces tengo que perdonar a mi hermano que peca contra mí? ¿Hasta siete veces? –No te digo que hasta siete veces, sino hasta setenta y siete veces –le contestó Jesús–.

Mateo 18:21-22

Querido hijo:

>¿Hay alguien en tu vida que te conduce contra una pared? ¿Te has sentido alguna vez como que pierdes la esperanza en esa relación? Bien, te pido que descanses. Dale a esa persona otra oportunidad.

Después de todo, nunca pierdo las esperanzas en ti. Te perdono vez tras vez. Si yo lo hago, ¿por qué no puedes hacer lo mismo con los demás? Quiero que confíes en mi perdón para ti, pero también quiero que demuestres esa misma clase de perdón a todos en tu vida. Sé que algunas veces es difícil perdonar, pero te ayudaré.

Así que si ahora viene a tu mente alguien al que nuevamente necesitas perdonar, esto es lo que quiero que hagas. Perdónalo y libéralo. Estarás contento de haberlo hecho.

Tu Padre perdonador,
>Dios.

=== ========

ESTOY JUSTO AQUÍ

Busquen al Señor mientras se deje encontrar, llámenlo mientras esté cercano.

Isaías 55:6

Mi hijo:

>¿Dónde piensas que vivo? ¿En el cielo? Tienes razón, pero también vivo en la Tierra a través de mi Espíritu Santo. Estoy en el trabajo alrededor de ti, ayudando y aconsejando a mis hijos.

Pero incluso estoy más cerca que eso. Si eres cristiano, vivo dentro de ti. Siento lo que tú sientes. De modo que cuando me necesitas, no tienes que mirar a lo lejos. Hubo un tiempo en la historia cuando mi pueblo tenía que ir al interior de una tienda de campaña o de un templo para encontrarme. Pero ya no.

A causa de que Jesús murió en la cruz, ahora puedo vivir dentro de ti. Tú eres mi templo ahora. Conozco cada uno de tus pensamientos. Puedes llamarme en todo tiempo. Estoy justo aquí, tan cerca como el latido de tu corazón.

Tu Padre celestial,
>Dios.

=== =========

VALE LA PENA ESPERAR

Considero que en nada se comparan los sufrimientos actuales con la gloria que habrá de revelarse en nosotros. La creación aguarda con ansiedad la revelación de los hijos de Dios.

Romanos 8:18-19 | El Mensaje

Querido hijo mío:

>¿Qué sucedería si supieras que una increíble e interminable fiesta hubiera sido planeada y tu nombre estuviera en la lista de invitados? Pero antes que la banda de música pudiera comenzar, antes de que los refrescos pudieran ser servidos, antes aún de que la fiesta pudiera empezar, hay días realmente tempestuosos.

Este es un excelente cuadro de lo que sucede justo ahora en el mundo. Todas las cosas malas –el crimen y la pobreza– me afligen. Todas las luchas internacionales –las guerras y el hambre mundial– rompen mi corazón. Pero quiero que sepas que para los que me siguen, los tiempos problemáticos no durarán para siempre. Pronto, ¡serán historia!

La fiesta interminable está justo a la vuelta de la esquina. ¡Va a ser más asombrosa que todo lo que pudieras haber imaginado! Así que descansa en los tiempos difíciles. Hay una fiesta en tu futuro.

Tu anfitrión,
>Dios.

=== =========

DALE AL FRIOLENTO Y AL HAMBRIENTO

—¿Entonces qué debemos hacer? —le preguntaba la gente.
—El que tiene dos camisas debe compartir
con el que no tiene ninguna —les contestó Juan—,
y el que tiene comida, debe hacer lo mismo.

Lucas 3:10-11

Mi hijo:

>Todo lo que tienes es un regalo de mi parte. No te lo guardes para ti solo. Comparte lo que te he dado con otros que están en necesidad. Ellos están muy hambrientos, hambrientos de comida y de ser tenidos en cuenta. Tienen frío, frío cuando duermen en los estacionamientos o debajo de los puentes, frío por la apatía que ven en los ojos de las personas.

Tú eres mis manos y mi corazón en un mundo desesperado con necesidad de calor y afecto. Pero no tienes solo que confiar en tu propia fuerza para hacer una diferencia en sus vidas. De la manera en que te he dado a ti, así daré a otros a través de ti. Mantén tus ojos y oídos, junto con tu corazón, abiertos. Tenemos trabajo para hacer, ¡juntos!

Tu Proveedor,
>Dios.

=== =========

ES UNA TAREA INTERNA

**La gente se fija en las apariencias,
pero yo me fijo en el corazón.**

1 Samuel 16:7b

Mi joven:

>El mundo en el que vives está más interesado en cómo tú luces externamente que en tu interior. Yo soy todo lo opuesto. Miro el corazón.

Veo las cicatrices donde has sido herido con palabras viles y malas actitudes. Veo tus esperanzas –aquellas que tienes miedo de alcanzar– y los sueños que no se han convertido en realidad.

Pero si estás dispuesto a dejarme mover contigo, traeré a Jesús y a todo el poder del Espíritu Santo conmigo. Quiero hacerte fuerte y más positivo. Créeme, cuando nos movemos, buenas cosas comenzarán a ocurrir. Los tres trabajamos juntos como un equipo para sanar las partes ocultas de ti. ¡Esta es una tarea interna!

Tu Sanador,
>Dios.

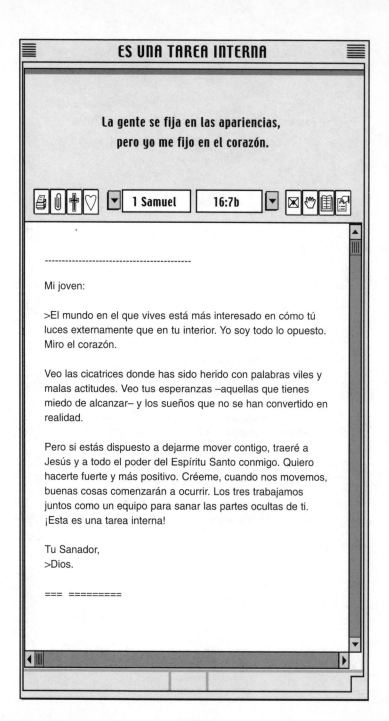

=== ========

EL DIOS QUE OLVIDA

Tan compasivo es el Señor con los que le temen como lo es un padre con sus hijos.

Salmo 103:13 | El Mensaje

Querido hijo:

>Aquí hay algo que podría sorprenderte. Aunque yo soy la persona más inteligente que haya existido y existirá, tengo mala memoria cuando sucede una cosa: cuando me dices que reconoces todas las cosas malas que has hecho y decides dejar de hacerlo, no puedo recordar qué era lo que hiciste mal.

En serio. Lo olvido; ¡se vaporiza! No lo archivo para sacarlo después y refregártelo en la cara. Tú probablemente recuerdes lo que hiciste mal mejor que yo. No quiero recordar las cosas malas que has hecho. Al contrario, comienzo de nuevo contigo.

¿Hay algo que quieras quitar de tu pecho? Dímelo. Espero oírte para perdonarte y hacerlo desaparecer.

El que te perdona,
>Dios.

=== ========

JESÚS SABE POR DÓNDE ATRAVIESAS

No tenemos un sumo sacerdote incapaz de compadecerse de nuestras debilidades, sino uno que ha sido tentado en todo de la misma manera que nosotros, aunque sin pecado.

Hebreos 4:15 | El Mensaje

Querido hijo mío:

>Podrías imaginarte a Jesús con una aureola, que está en el Cielo con un montón de ángeles. Es verdad que Él vive en el cielo, pero no olvides que fue ser humano con carne y sangre real, así como tú, cuando vivió en Israel.

De hecho, experimentó un montón de las mismas cosas que tú vives. Sintió todo lo que tú sientes. Rió y lloró. Fue nostálgico. Tuvo hambre, estuvo enojado, solo y cansado. Se sintió herido y desilusionado. Estuvo feliz y entusiasmado. Celebró. Luchó y estuvo cansado, preocupado y tentado.

Él no quiere que olvides que cualquiera sea la situación por la que atravieses ahora, Él ya ha estado allí antes que tú, y quiere ayudarte. Jesús entiende.

Tu Padre Amoroso,
>Dios.

=== =========

SU PUEBLO CONOCE SU VOZ

Mis ovejas oyen mi voz; yo las conozco y ellas me siguen.

Juan 10:27

Mi hijo:

>¿Te has preguntado alguna vez qué estaría haciendo Jesús si estuviera vivo hoy en el mundo? Estaría en medio de las personas que más lo necesitaran, escuchando sus problemas y enseñándoles a conocerme.

Estaría ayudándolos a vivir con gozo, paz y propósito. Ayudaría en tu barrio y en asilos, hospitales, en refugios para los que no tienen hogar. Podría enseñar en tu escuela o en la escuela dominical si estuviera vivo hoy.

¡Adivina qué! Él está vivo, y está en todos aquellos lugares y hace todas esas cosas. Obra a través de las personas que creen en Él, en personas que están llenas con su Espíritu y equipadas con su amor.

¿Has escuchado su voz? ¿Puedes escucharlo que te llama por ser uno de sus hijos? Sus hijos conocen su voz y lo siguen.

El Papá de Jesús,
>Dios.

=== ========

DÉJAME AYUDARTE A CAMBIAR

De hecho, no hago el bien que quiero, sino el mal que no quiero. ¡Soy un pobre miserable! ¿Quién me librará de este cuerpo mortal? ¡Gracias doy a Dios por medio de Jesucristo nuestro Señor!

Romanos 7:19, 24-25

Mi hijo:

>¿Te has prometido alguna vez que cambiarías? Es muy fácil hacer esa promesa... pero es muy difícil cumplirla.

¿Te suena familiar? Te despertaste y aún antes de salir de la cama decidiste: “Hoy va a ser diferente. Hoy voy a refrenar mi temperamento”, o “Hoy voy a tener toda mi tarea hecha antes de acostarme”, o “Hoy no voy a fumar”, o “Hoy no voy a hacer pasar a mi mamá un mal rato”. Pero antes de que el día termine, lo has hecho nuevamente. Aunque tratas de hacer lo correcto, estás atrapado en el hábito de hacer lo malo.

Si esta es tu vida, no te desanimes. No estás solo. Mi Hijo y yo estamos contigo. Podemos ayudarte a cambiar desde el interior hacia fuera. Déjanos ayudarte.

El que cambia tu vida,
>Dios.

=== ========

ESTOY EN LOS "DÍAS NORMALES"

Jesús tomó consigo a Pedro, a Jacobo y a Juan, y los llevó a una montaña alta (...) Allí se transfiguró en presencia de ellos. Su ropa se volvió de un blanco resplandeciente (...) Entonces apareció una nube (...) de la cual salió una voz que dijo: "Este es mi Hijo amado. ¡Escúchenlo!"

Marcos 9:2-3, 7

Mi querido hijo:

>Alguna vez tuviste un día verdaderamente impresionante. Tal vez ganaste una medalla, fuiste elegido presidente de tu clase o te hiciste de un gran amigo. Aquellos fueron "días picos de montañas" y ¡fueron grandiosos!

Pero esperar que cada día sea así es irreal. No fuiste creado solo para picos de montañas. Jesús enseño esta verdad a Pedro, Jacobo y Juan. En un asombroso día pico de montaña ellos vieron a Jesús con sus vestidos resplandecientes, muy blancos, y escucharon mi voz desde el cielo. Pedro quería permanecer allí, pero Jesús los condujo de regreso al valle de días normales.

Disfruta los días picos de montañas, pero bienvenido también a los días normales. Aunque incluyan algunas luchas y penas, yo los usaré para construir músculos en tu carácter.

Tu Amigo,
>Dios.

=== =========

LA CRUZ ES PODER

El mensaje de la cruz es una locura para los que se pierden; en cambio, para los que se salvan, es decir, para nosotros, este mensaje es el poder de Dios.

1 Corintios 1:18

Querido hijo:

>Mi Hijo Jesús nunca fue elegido rey. Los últimos tres años de su vida en la Tierra estuvo sin hogar y sin trabajo. En el final, todos sus amigos lo dejaron y el gobierno lo mató como si fuera un forajido.

¿Tiene sentido adorar a alguien como Jesús? ¿Parece razonable? Si no conoces a mi Hijo, probablemente no lo creas así. Si Jesús es un extraño para ti, la cruz parecerá algo bastante misterioso.

Pero una vez que lo conozcas, comenzarás a conocer su poder. Comprenderás que la cruz es donde Jesús murió para que tú pudieras relacionarte conmigo. La cruz es donde Jesús derrotó a tu enemigo, el diablo. La cruz es donde Jesús desplegó mi amor hacia ti y ganó un lugar para ti en mi familia. ¿Ya tienes mi amor?

Tu Padre,
>Dios.

=== ========

DÉJAME SER TU DEFENSOR

Aunque pase yo por grandes angustias, tú me darás vida; contra el furor de mis enemigos extenderás la mano: ¡tu mano derecha me pondrá a salvo!

Salmo **138:7**

Mi niño:

>Este es un mundo duro. Créeme, lo sé. Algunas veces las personas o circunstancias parecen obrar en tu contra, y cuando lo hacen, puedes sentirte atemorizado. Eso es así. Lo entiendo, y me importa.

Quiero ayudarte a hacerle frente a la vida. Es por eso que quiero que clames a mí. Cuéntame tus temores. Estaré justo a tu lado en el medio de tus luchas.

Si tengo que sostenerte, lo haré. Seré tu defensor. Quiero hacer una diferencia en cada día de tu vida. De modo que no tengas temor.

Tu Defensor,
>Dios.

=== =========

TÚ NO ERES EL JUEZ

Nunca digas: "¡Me vengaré de ese daño!"
Confía en el Señor, y él actuará por ti.

Proverbios | 20:22

Querido hijo:

>No te he pedido que seas el "Terminator" o el "Vengador". No es tu trabajo tomar venganza de cada persona que te ha hecho mal. No quiero que juzgues cada caso y que te sientas integrante de cada jurado. Yo puedo hacer el trabajo de defenderte mucho mejor, si retrocedes y me dejas manejarlo.

Si alguien te hace mal, háblame acerca de ello. Perdona a esa persona, y deja la situación en mis manos. Trataré con la situación en una manera que será la mejor para él o ella.

Entonces, una vez que me transfieres el trabajo de juzgar, déjalo allí. El enojo y el rencor son malos compañeros. Entrégame tus enemigos. Yo me ocuparé de ellos.

Tu Defensor,
>Dios.

=== ========

¿POR QUÉ SUFRIÓ JESÚS?

Él fue traspasado por nuestras rebeliones, y molido por nuestras iniquidades; sobre él recayó el castigo, precio de nuestra paz, y gracias a sus heridas fuimos sanados.

Isaías 53:5

Mi hijo:

>Jesús fue intenso. Los soldados romanos lo azotaron tanto que casi se desangró hasta morir. Después le hicieron llevar una pesada viga de madera en la que más tarde lo colgaron con clavos que atravesaron sus manos y pies. Allí lo dejaron, y sufrió por horas hasta que finalmente murió.

¿Por qué? ¿Por qué mi Hijo dejó que lo torturaran de esa horrible manera? Por causa de su amor por ti. Él lo hizo posible para que tú pudieras escapar del castigo por tus pecados. Lo hizo posible para que tú vivas para siempre en el cielo, con nosotros.

En la cruz Jesús ganó vida eterna para ti. Fue en compensación. ¡Saca provecho de esto!

El Padre del crucificado,
>Dios.

=== ========

RECIBE EL REGALO DE LA CRUZ

Él mismo, en su cuerpo, llevó al madero nuestros pecados, para que muramos al pecado y vivamos para la justicia.

1 Pedro 2:24 | El Mensaje

Mi hijo:

>Aun la persona más perfecta ha hecho algo que merece una sentencia de muerte. Hay veces cuando has sido cruel, o codicioso, o engreído o celoso. Así como una gota de veneno contamina un vaso de agua, una pequeña mentira contamina tu vida y te separa de mí. Incluso la más pequeña, una mentira "blanca" o "piadosa" merece la pena de muerte.

Pero yo te amé tanto que todas las cosas malas que has hecho, las grandes y las pequeñas, las puse sobre Jesús en la cruz. Él las llevó allí por ti porque yo le pedí que lo hiciera. El poder de tus equivocaciones murió cuando Él fue crucificado. De modo que cuando crees en Jesús, todas esas cosas malas que has hecho son perdonadas y borradas. El costo de la vida de mi Hijo es mi regalo para ti. Tu deuda está cancelada para siempre.

Amor,
>Dios.

=== =========

SUPLIRÉ EL PODER

Pues Dios es quien produce en ustedes tanto el querer como el hacer para que se cumpla su buena voluntad.

Filipenses 2:13 El Mensaje

Mi hijo:

>Imagina que un club famoso te contrató para cortar el pasto en sus inmensos campos de golf. Pero en lugar de darte una poderosa cortadora, te fuera dada un diminuto par de tijeras podadoras para hacer el trabajo. ¿Puedes imaginar qué frustrante te sentirías al enfrentarte con esa tarea imposible?

De la misma manera me sentiría yo si te diseñara para un montón de desafíos en la vida y después fallara al darte el poder y la visión que necesitas para el trabajo. Relájate. Cuando te asigno una tarea, también te proveo el poder para cumplirla. Es mi poder, y créeme, es más que suficiente.

Tu Ayudador,
>Dios.

=== =========

UN AMIGO DE ESPÍRITU A ESPÍRITU

Y yo le pediré al Padre, y él les dará otro Consolador (...) el Espíritu de Verdad (...) a quien el Padre enviará en mi nombre, les enseñará todas las cosas.

Juan 14:16-17, 26a | El Mensaje

Querido hijo mío:

>Antes de que Jesús dejara la Tierra para regresar al hogar conmigo, me pidió que te diera un regalo. Él sabía que no podía ser un amigo que esté cara a cara. Así que me pidió que te diera un amigo de Espíritu a espíritu.

El Amigo Espíritu –el Espíritu Santo– es un poco más difícil de relacionar porque, primero, es invisible. Pero su amistad tiene un gran adicional. Jesús solo podía estar en un lugar a la vez, pero su Espíritu puede estar en dondequiera que tú estés, todo el tiempo.

El Espíritu Santo no tiene que correr al lado de tu auto para subir contigo. Él puede viajar dentro de ti y estar cerca de ti en todo lugar, llenándote, abasteciéndote y recordándote constantemente el amor de Jesús. ¡Él es impresionante!

El Papá de Jesús,
>Dios.

=== =========

DÉJAME FORTALECER TU FE

Les aseguro que si tienen fe tan pequeña como un grano de mostaza, podrán decirle a esta montaña: "Trasládate de aquí para allá", y se trasladará. Para ustedes nada será imposible.

Mateo 17:20

Mi hijo:

>Sé que algunas veces oras tan duro como sabes hacerlo, y las cosas no resultan de la manera que oraste. Entonces te preguntas dónde estuve todo el tiempo. ¿Te escuché? Claro que lo hice.

Aunque no puedas verme, siempre estoy aquí. Sé que la vida a veces es injusta. Pero la oración no opera como una máquina expendedora automática de gaseosas, donde colocas una moneda, aprietas una tecla y sale la lata. La oración obra por fe. Cuando estás confundido, tráeme esa mezcla de sentimientos que tienes en tu interior, y te daré fe.

La fe no toma un desvío para rodear el dolor, sino que construye un camino a través de tu dolor. La fe no hace las cosas más fáciles, sino que te da fuerza extra para los momentos difíciles. La fe puede mover montañas, incluso las montañas como el temor, la soledad y la desesperanza. Déjame fortalecer tu fe.

Tu Amigo fiel.
>Dios.

=== =========

DEJA QUE JESÚS FIRME EL CHEQUE

La oración del justo es poderosa y eficaz.

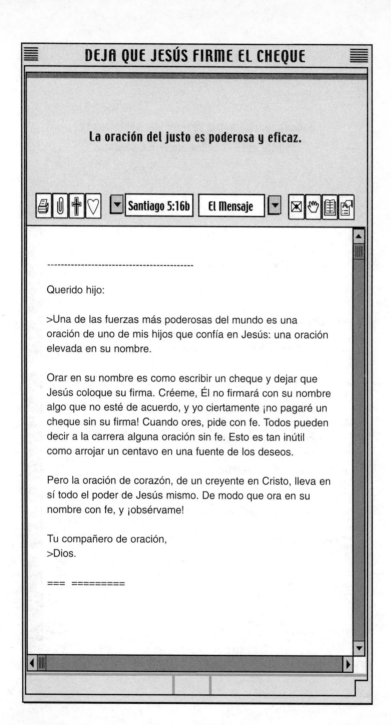

Santiago 5:16b | El Mensaje

Querido hijo:

>Una de las fuerzas más poderosas del mundo es una oración de uno de mis hijos que confía en Jesús: una oración elevada en su nombre.

Orar en su nombre es como escribir un cheque y dejar que Jesús coloque su firma. Créeme, Él no firmará con su nombre algo que no esté de acuerdo, y yo ciertamente ¡no pagaré un cheque sin su firma! Cuando ores, pide con fe. Todos pueden decir a la carrera alguna oración sin fe. Esto es tan inútil como arrojar un centavo en una fuente de los deseos.

Pero la oración de corazón, de un creyente en Cristo, lleva en sí todo el poder de Jesús mismo. De modo que ora en su nombre con fe, y ¡obsérvame!

Tu compañero de oración,
>Dios.

=== ========

USA EL FÍSICO

Vengan, postrémonos reverentes, doblemos la rodilla ante el Señor nuestro Hacedor.

Salmo 95:6

Querido hijo:

>En un partido de fútbol, cuando tu equipo gana, no solo te sientas y piensas "¡Esto es grandioso!", sino que saltas de tu asiento. ¡Saltas y gritas! Usas tu cuerpo para expresar lo que sientes.

De modo que cuando oras, deberías usar todo tu cuerpo. Algunos de mis mejores oradores usan el físico. Se involucran totalmente. Quiero que tú hagas lo mismo cuando ores a mí. Vé adonde nadie pueda verte y arrodíllate delante de mí. Levanta tus manos. ¡Grita, si lo sientes! No me preocupa. ¡A mí me gusta!

Te pondré en "onda conmigo" y te ayudaré a llegar a mí. Veré, oiré y responderé tus oraciones. No tengas vergüenza.

Tu Padre amoroso,
>Dios.

=== =========

LA SEÑAL MÁS CONVINCENTE

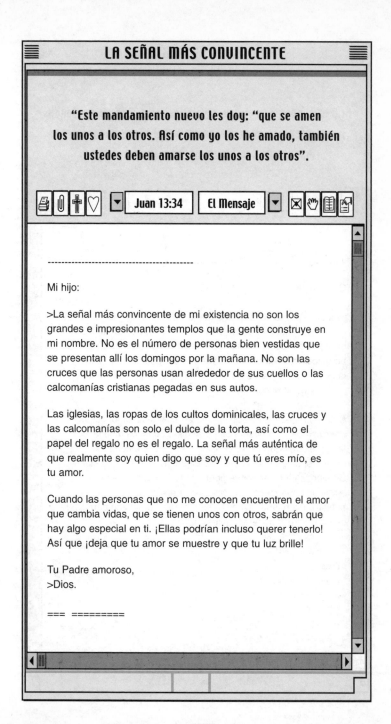

"Este mandamiento nuevo les doy: "que se amen los unos a los otros. Así como yo los he amado, también ustedes deben amarse los unos a los otros".

Juan 13:34 | El Mensaje

Mi hijo:

>La señal más convincente de mi existencia no son los grandes e impresionantes templos que la gente construye en mi nombre. No es el número de personas bien vestidas que se presentan allí los domingos por la mañana. No son las cruces que las personas usan alrededor de sus cuellos o las calcomanías cristianas pegadas en sus autos.

Las iglesias, las ropas de los cultos dominicales, las cruces y las calcomanías son solo el dulce de la torta, así como el papel del regalo no es el regalo. La señal más auténtica de que realmente soy quien digo que soy y que tú eres mío, es tu amor.

Cuando las personas que no me conocen encuentren el amor que cambia vidas, que se tienen unos con otros, sabrán que hay algo especial en ti. ¡Ellas podrían incluso querer tenerlo! Así que ¡deja que tu amor se muestre y que tu luz brille!

Tu Padre amoroso,
>Dios.

=== ========

NUNCA TE DEJARÉ SOLO

Hijo mío, no desprecies la disciplina del Señor, ni te ofendas por sus reprensiones. Porque el Señor disciplina a los que ama, como corrige un padre a su hijo querido.

Proverbios 3:11-12a

Querido hijo:

>Algunas personas piensan que la disciplina significa abuso. Pero disciplina, hecha correctamente, es un acto de amor. Si un niño está por meter un clavo en un enchufe donde recibirá un golpe de electricidad, un buen padre golpeará su mano y le dirá: "¡no!" El padre no está loco. Ama demasiado a su hijo como para no hacer nada.

Si un niño necesita disciplina para crecer feliz, entonces un padre amoroso proveerá esa disciplina. Algunos muchachos tienen padres que no se ocupan, y entonces crecen desenfrenadamente. Nunca distinguen lo bueno de lo malo. Comienzan a estar con la gente mala; pelean, roban y terminan en la cárcel. Créeme, no te disciplinaría si no hubiera una buena razón. Te amo demasiado como para dejarte vivir sin ponerte límites.

Tu Papá,
>Dios.

=== =========

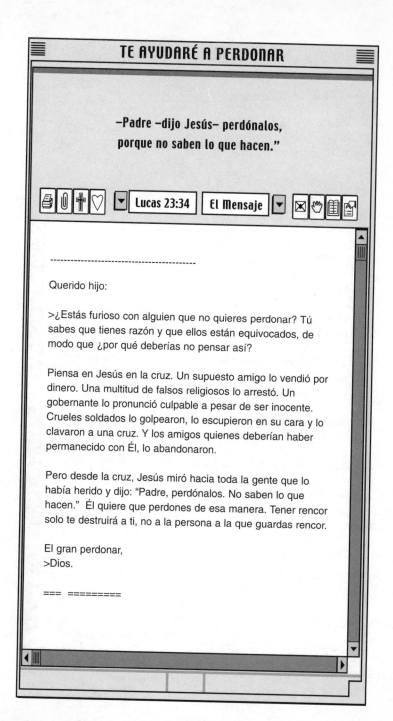

—Padre —dijo Jesús— perdónalos, porque no saben lo que hacen.”

Lucas 23:34 | El Mensaje

Querido hijo:

>¿Estás furioso con alguien que no quieres perdonar? Tú sabes que tienes razón y que ellos están equivocados, de modo que ¿por qué deberías no pensar así?

Piensa en Jesús en la cruz. Un supuesto amigo lo vendió por dinero. Una multitud de falsos religiosos lo arrestó. Un gobernante lo pronunció culpable a pesar de ser inocente. Crueles soldados lo golpearon, lo escupieron en su cara y lo clavaron a una cruz. Y los amigos quienes deberían haber permanecido con Él, lo abandonaron.

Pero desde la cruz, Jesús miró hacia toda la gente que lo había herido y dijo: “Padre, perdónalos. No saben lo que hacen.” Él quiere que perdones de esa manera. Tener rencor solo te destruirá a ti, no a la persona a la que guardas rencor.

El gran perdonar,
>Dios.

=== ========

TÚ ERES MI PROPAGANDA

**A la sombra de tus alas cantaré,
porque tú eres mi ayuda.**

Salmo 63:7

Mi hijo:

>Si he hecho algo bueno por ti, quiero que lo digas a otros. No te lo guardes para ti solo.

Tal vez respondí una oración, o tal vez te protegí cuando me necesitabas. Si he sido bueno contigo de alguna manera, y tú lo sabes, entonces escribe una canción o un poema acerca de mí. O dile a alguien de mí. Quiero que todos sepan cuán grande soy y cuánto lo amo o la amo. Tú eres el único que puede hablar a esa persona acerca de mí.

Ver un avance de una nueva película no es tan bueno como oír a tu amigo contártela. Tú eres mi propaganda. Di a las personas acerca de mí. Entonces ellos querrán ver por sí mismos. Comunícales lo que he hecho por ti.

Tu Padre celestial,
>Dios.

=== ========

DÉJAME REABASTECER TU VIDA

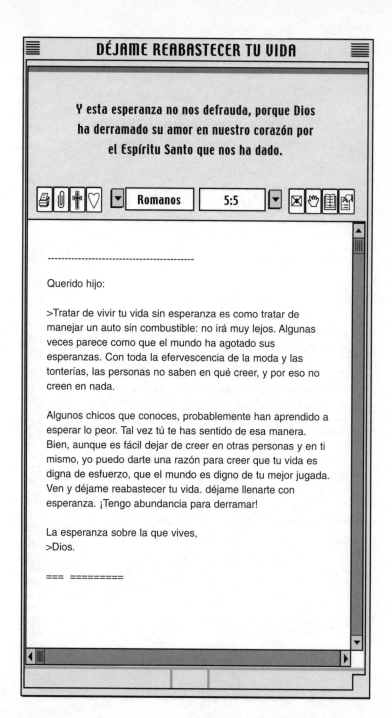

Y esta esperanza no nos defrauda, porque Dios ha derramado su amor en nuestro corazón por el Espíritu Santo que nos ha dado.

Romanos 5:5

Querido hijo:

>Tratar de vivir tu vida sin esperanza es como tratar de manejar un auto sin combustible: no irá muy lejos. Algunas veces parece como que el mundo ha agotado sus esperanzas. Con toda la efervescencia de la moda y las tonterías, las personas no saben en qué creer, y por eso no creen en nada.

Algunos chicos que conoces, probablemente han aprendido a esperar lo peor. Tal vez tú te has sentido de esa manera. Bien, aunque es fácil dejar de creer en otras personas y en ti mismo, yo puedo darte una razón para creer que tu vida es digna de esfuerzo, que el mundo es digno de tu mejor jugada. Ven y déjame reabastecer tu vida. déjame llenarte con esperanza. ¡Tengo abundancia para derramar!

La esperanza sobre la que vives,
>Dios.

=== =========

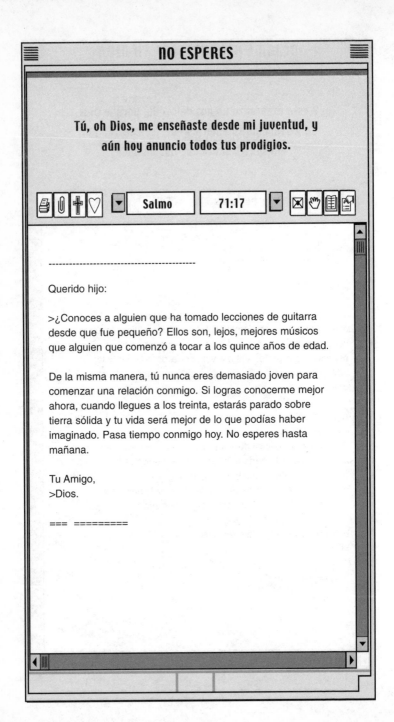

NO ESPERES

Tú, oh Dios, me enseñaste desde mi juventud, y aún hoy anuncio todos tus prodigios.

Salmo 71:17

Querido hijo:

>¿Conoces a alguien que ha tomado lecciones de guitarra desde que fue pequeño? Ellos son, lejos, mejores músicos que alguien que comenzó a tocar a los quince años de edad.

De la misma manera, tú nunca eres demasiado joven para comenzar una relación conmigo. Si logras conocerme mejor ahora, cuando llegues a los treinta, estarás parado sobre tierra sólida y tu vida será mejor de lo que podías haber imaginado. Pasa tiempo conmigo hoy. No esperes hasta mañana.

Tu Amigo,
>Dios.

=== =========

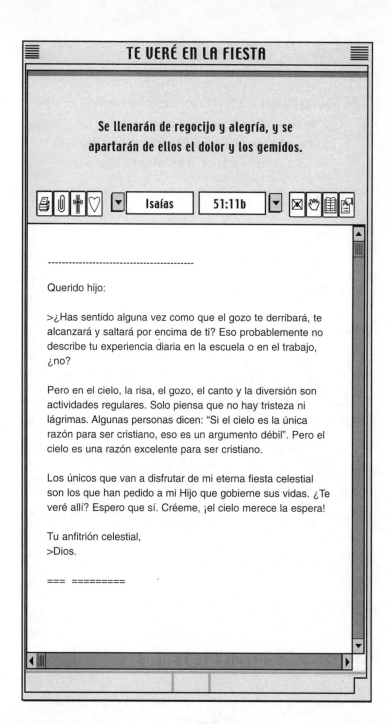

TE VERÉ EN LA FIESTA

Se llenarán de regocijo y alegría, y se apartarán de ellos el dolor y los gemidos.

Isaías 51:11b

Querido hijo:

>¿Has sentido alguna vez como que el gozo te derribará, te alcanzará y saltará por encima de ti? Eso probablemente no describe tu experiencia diaria en la escuela o en el trabajo, ¿no?

Pero en el cielo, la risa, el gozo, el canto y la diversión son actividades regulares. Solo piensa que no hay tristeza ni lágrimas. Algunas personas dicen: "Si el cielo es la única razón para ser cristiano, eso es un argumento débil". Pero el cielo es una razón excelente para ser cristiano.

Los únicos que van a disfrutar de mi eterna fiesta celestial son los que han pedido a mi Hijo que gobierne sus vidas. ¿Te veré allí? Espero que sí. Créeme, ¡el cielo merece la espera!

Tu anfitrión celestial,
>Dios.

=== ========

AMOR EN ACCIÓN

En esto conocemos el amor: en que Jesucristo entregó su vida por nosotros [...] Y este es su mandamiento: que creamos en el nombre de su Hijo Jesucristo, y que nos amemos los unos a otros, pues así lo ha dispuesto.

1 Juan 3:16, 23

Querido hijo mío:

>Jesús fue amor en acción. Tú puedes ver mi amor con solo mirar su vida. Él escucho a las personas. Las ayudó, las sanó y les dio esperanza.

Pero el cuadro más vivo de su amor fue su muerte en la cruz. Nadie tomó la vida de Jesús. Él la entregó por ti. La mejor manera de agradecerle es recibir su amor. Pídele que ame a otros a través de ti. ¡Lo hará!

Elige algunas personas que realmente parezcan necesitar su amor. No trates de amarlos con tu propio amor. Deja que el amor de Jesús tome el control. Serás sorprendido por la bondad y el cuidado que llegará a otros a través de ti.

Tu Padre amoroso,
>Dios.

=== ========

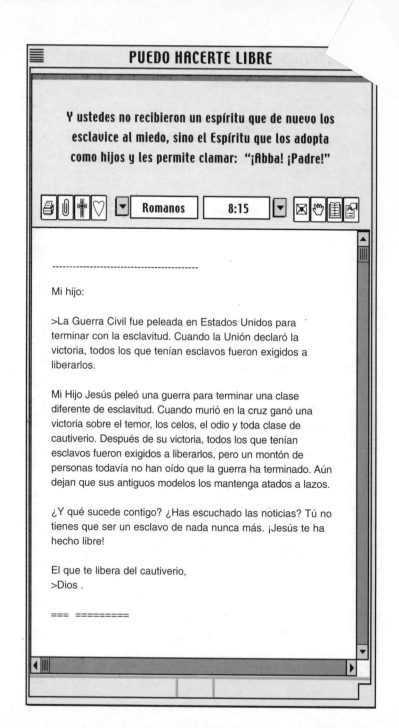

PUEDO HACERTE LIBRE

Y ustedes no recibieron un espíritu que de nuevo los esclavice al miedo, sino el Espíritu que los adopta como hijos y les permite clamar: "¡Abba! ¡Padre!"

Romanos 8:15

Mi hijo:

>La Guerra Civil fue peleada en Estados Unidos para terminar con la esclavitud. Cuando la Unión declaró la victoria, todos los que tenían esclavos fueron exigidos a liberarlos.

Mi Hijo Jesús peleó una guerra para terminar una clase diferente de esclavitud. Cuando murió en la cruz ganó una victoria sobre el temor, los celos, el odio y toda clase de cautiverio. Después de su victoria, todos los que tenían esclavos fueron exigidos a liberarlos, pero un montón de personas todavía no han oído que la guerra ha terminado. Aún dejan que sus antiguos modelos los mantenga atados a lazos.

¿Y qué sucede contigo? ¿Has escuchado las noticias? Tú no tienes que ser un esclavo de nada nunca más. ¡Jesús te ha hecho libre!

El que te libera del cautiverio,
>Dios .

=== ========

NO PUEDES TENER DERRIBADO A UN BUEN HOMBRE

Nos vemos atribulados en todo, pero no abatidos; perplejos, pero no desesperados; perseguidos, pero no abandonados; derribados, pero no destruidos.

2 Corintios 4:8-9

Mi hijo:

>Pablo fue un cristiano que vivió un vida bastante difícil mientras anunciaba las buenas nuevas de Jesús. Fue apedreado varias veces y casi murió. Pasó años en prisión, y finalmente, el gobernador romano cortó su cabeza.

Algunas veces, cuando te conviertes en cristiano, las circunstancias de tu vida pueden parecer empeorar. Entonces, ¿por qué te conviertes en cristiano? Porque cuando yo vivo en ti y tú vives en mí, eres capaz de algo más que vencer las circunstancias de tu vida. Mientras Pablo estuvo en la cárcel, cantaba canciones. Después de ser apedreado, se volvía para amar a las personas que lo habían apedreado.

Yo tengo el poder para cambiar tu situación; pero aún mejor que eso, te doy el poder para vencer cualquier situación. Ahora, ¡estas sí son buenas noticias!

Tu Fuerza,
>Dios.

=== =========

NO HAY PROBLEMA

"No será por la fuerza ni por ningún poder, sino por mi Espíritu –dice el Señor Todopoderoso–."

Zacarías 4:6

Mi hijo:

>¿Conoces la historia de David y Goliat? David era ese pequeño joven con una honda. Era pequeño y sin experiencia, pero estaba de mi lado. Goliat era un gigante con una gran lanza. Era mi enemigo.

David usó su honda y golpeó a Goliat en la cabeza con una piedra, y luego lo mató. ¿Cómo cayó esa piedra en el lugar justo? ¿Cómo estaba David capacitado para permanecer lo suficientemente calmo para apuntar correctamente? Yo lo ayudé. Yo gané la batalla por David porque él confío en mí.

¿Hay cosas en tu vida que son demasiado grandes para que tú solo las venzas? Ora, y te ayudaré a ganar. Puedo hacer lo que sea.

El Todopoderoso,
>Dios.

=== ========

QUIERO BUENAS COSAS PARA TI

Sabemos que Dios dispone todas las cosas para el bien de quienes lo aman, los que han sido llamados de acuerdo a su propósito.

Romanos 8:28

Mi hijo:

>Imagina que pudieras inventar una máquina para convertir las cosas malas en buenas. Los insultos se convertirían en halagos. Los días terribles serían días grandiosos. Las tormentas se convertiría en suaves brisas. Tú, probablemente, podrías vender tu invento por mucho dinero y ser millonario.

Bien, yo tengo un invento que convierte las cosas malas en buenas. Se llama redención, y puedo usarla en las vidas de las personas que me aman. Puedo tomar todo en tu vida, aún las cosas malas, y hacerlas que obren para bien. Incluso las cosas que otras personas han hecho para herirte, puedo usarlas para bendecirte. Una vez que te afierres a esto, aprenderás a decir: "No importa cuán malas parezcan ahora las cosas, Dios puede usarlas para bien".

Tu Padre,
>Dios.

=== =========

LA VERDAD TIENE UNA GRAN RECOMPENSA

Instrúyeme, Señor, en tu camino para conducirme con fidelidad. Dame integridad de corazón para temer tu nombre.

Salmo **86:11**

Querido joven:

>Algunas veces parece que los mentirosos y estafadores son los grandes ganadores, mientras que las personas que hacen lo correcto no progresan. Algunas personas no tienen en cuenta lo bueno y lo malo. Solo les preocupa no ser descubiertos.

Tal vez algunos de tus amigos tienen esa actitud. Piensan que eres un perdedor si tratas de ser íntegro y hacer lo correcto. Si es así como son tus amigos, podrías necesitar algunos amigos nuevos. Mira, voy a pedirte que te pares en un lugar difícil, para valorar la verdad, y que te levantes por lo que es bueno aún cuando eso no sea popular.

Quiero que conozcas la recompensa de vivir una vida en verdad. Es una paz y felicidad interna que viene solo de hacer lo que es bueno a mi vista. ¡Es una manera grandiosa de vivir!

La Verdad,
>Dios.

=== =========

UNA OPORTUNIDAD PARA UNA VIDA REAL

Porque tanto amó Dios al mundo, que dio a su Hijo [...] para que todo el que cree en él no se pierda [...] Dios no envió a su Hijo al mundo para condenar [...] sino para salvarlo.

Juan 3: 16-17 El Mensaje

Querido hijo:

>No me emociona de ninguna manera si te sorprendo haciendo algo malo. No te ofrezco una nueva vida solo para despreciarla al minuto de haberla alcanzado.

Solo por ti hice un plan elaborado y envié a Jesús a la Tierra para rescatarte. De modo que no estoy a la espera para caer sobre ti cuando haces algo equivocado. La vida de Jesús fue tan preciosa para mí como para malgastarla en algo tan inútil como eso.

Mi meta siempre ha sido mostrarte mi amor y atraerte a mí, para sanar tus heridas y hacerte íntegro, y para darte una oportunidad para que tengas una vida real, una vida que permanece para siempre.

Tu Padre y amigo,
>Dios.

=== =========

MIRA A JESÚS

En ti, Señor Soberano, tengo puestos los ojos; en ti busco refugio.

Salmo 141:8a

Querido hijo:

>¿Cuántos de tus amigos recuerdan a los personajes que cada día ven en la televisión? ¿Sabías que tu mente almacena las cosas que escuchas o ves? De modo que si ves a las personas que maldicen, que estallan edificios, que matan personas, has almacenado todo eso en tu mente. Sin importar si lo crees o no, lo que miras afecta tu comportamiento y actitudes de maneras sutiles.

Pero esta verdad también puede obrar para bien. Si mantienes tus ojos en mí, serás como yo. Yo no estoy en la televisión, de modo que ¿cómo puedes verme? Puedes leer acerca de Jesús en la Biblia: todo lo que Jesús hizo fue un reflejo de mí. Lee el libro llamado evangelio de Juan. Este dice acerca de los milagros que Jesús hizo.

Cuando veas a Jesús, comenzarás a actuar más como Él. Adoptarás su estilo. Entonces puedo usarte para hacer algunas de las cosas que Él hizo. Estudia acerca de mi Hijo en la Biblia. Vale la pena leerla.

Tu Padre,
>Dios.

=== =========

ESTAMOS JUNTOS

Yo le respondí: "¡Ah, Señor mi Dios! ¡Soy muy joven y no sé hablar!" Pero el Señor me dijo: "No digas: 'Soy muy joven', porque vas a ir adondequiera que yo te envíe, y vas a decir todo lo que yo te ordene. No le temas a nadie, que yo estoy contigo para librarte."

Jeremías 1:6-8

Mi hijo:

>Sé que algunas veces te sientes inferior, como que te falta lo que se necesita para hacer las cosas que tienes que hacer. Algunas veces te sientes como que todo está amontonado en contra de ti y que todos tienen más capacidad que tú.

Un montón de personas tienen estos sentimientos de insuficiencia. Pero tú tienes una gran ventaja. ¡Me tienes a mí! Y yo abogo por ti. Hay cosas emocionantes y desafiantes que quiero que hagamos juntos, y voy a estar contigo a cada paso del camino para prepararlo, para que puedas hacer tu trabajo.

No permitas ser rebajado por las demás personas y por lo que ellos podrían pensar de ti. Toma con pinzas sus opiniones. Yo te conozco y sé lo que puedes hacer. Estamos juntos en esta vida.

Tu Alentador,
>Dios.

=== =========

HAZ LO CORRECTO

¿Quién les va a hacer daño si se esfuerzan por hacer el bien? ¡Dichosos si sufren por causa de la justicia!

1 Pedro 3:13-14a

Querido hijo:

>En la Biblia hubo un hombre llamado Esteban, que me amó. Un día, él estaba hablando acerca de mí a una multitud de personas enojadas, y ellos tomaron piedras y comenzaron a arrojárselas hasta que murió.

Pero antes de morir, Esteban mantuvo una gran sonrisa en su rostro. Eso realmente instó a las personas enojadas a no detenerse. ¿Por qué Esteban sonreía mientras era asesinado? Porque me vio que lo esperaba en el cielo, y porque sabía que hacía lo correcto.

Si hacer lo correcto te ocasiona sufrimiento, eres una persona afortunada. Sé que esto suena como algo loco, pero es verdad. Admiro a los que hacen lo que es bueno aun cuando no sea conveniente o cómodo. En el cielo te agradeceré personalmente por eso. Haz lo correcto, sin importar qué.

El único que te conoce,
>Dios.

=== ========

ERES VALIOSO PARA MI

No temas, que yo te he redimido;
te he llamado por tu nombre; tú eres mío.

Isaías 43:1

Querido hijo mío:

>Algunas personas aman a sus autos. Están siempre lavándolos y encerándolos, y aborrecen a cualquiera que rayare ¡sus preciosos autos!

Tú podrías pensar que esto es divertido, pero esa es la manera en la que soy contigo. Cuando me pides que entre a tu vida, es cuando te "compro". Tú acostumbrabas a pertenecerte a ti mismo, o a la persona para quien vivías. Pero ahora eres mío. Un propietario de un Porsche no va a arruinar intencionalmente su propio auto.

Esa es la manera en la que me comporto contigo. Me perteneces, y no voy a permitir que alguien te lastime. Tendré buen cuidado de ti porque eres demasiado valioso para mí. Así que relájate. No tengas temor, ¡eres mío para siempre!

Amor,
>Dios.

=== =========

EL ÚNICO

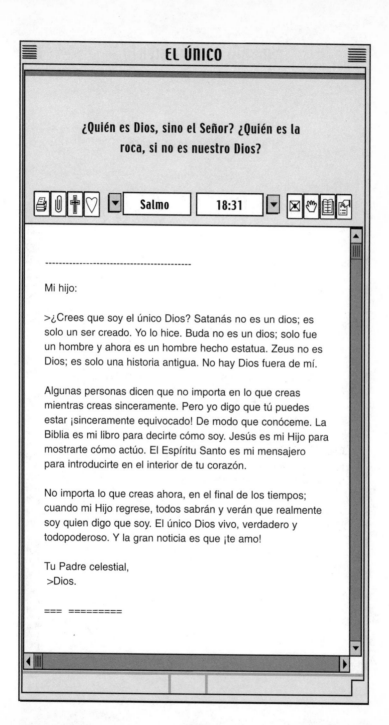

¿Quién es Dios, sino el Señor? ¿Quién es la roca, si no es nuestro Dios?

Salmo 18:31

Mi hijo:

>¿Crees que soy el único Dios? Satanás no es un dios; es solo un ser creado. Yo lo hice. Buda no es un dios; solo fue un hombre y ahora es un hombre hecho estatua. Zeus no es Dios; es solo una historia antigua. No hay Dios fuera de mí.

Algunas personas dicen que no importa en lo que creas mientras creas sinceramente. Pero yo digo que tú puedes estar ¡sinceramente equivocado! De modo que conóceme. La Biblia es mi libro para decirte cómo soy. Jesús es mi Hijo para mostrarte cómo actúo. El Espíritu Santo es mi mensajero para introducirte en el interior de tu corazón.

No importa lo que creas ahora, en el final de los tiempos; cuando mi Hijo regrese, todos sabrán y verán que realmente soy quien digo que soy. El único Dios vivo, verdadero y todopoderoso. Y la gran noticia es que ¡te amo!

Tu Padre celestial,
>Dios.

=== =========

UN RÍO EN EL DESIERTO

Regaré con agua la tierra sedienta,
y con arroyos el suelo seco.

Isaías 44:3a

Querido hijo mío:

>¿Te has sentido alguna vez "seco" en tu interior? ¿Te sientes cansado de la vida? ¿Cansado del trabajo? ¿De la escuela? ¿De los amigos? ¿Cansado de tu ciudad?

Si puedo crear un oasis en medio de un desierto físico, entonces seguramente puedo traer vida a tu mundo. Cuánto más me abras tu corazón, más puedo enviar la lluvia de mi Espíritu para refrescarte.

Clama a mí justo ahora. Dime tus necesidades. Pídeme que te renueve. Quiero hacer llover mi amor sobre ti. Quiero darte nuevamente esperanzas. Déjame revivirte.

Tu agua viva,
>Dios.

=== =========

ES TIEMPO DE CRECER

¡Siembren para ustedes justicia (...) ¡Pónganse a labrar el barbecho! Ya es tiempo de buscar al Señor! hasta que él venga y les envíe lluvias de justicia.

Oseas 10:12

Mi hijo:

>Antes que un agricultor planté en un campo, hace surcos. Después de arar el campo parece un gran montón de basura removida. Luce peor que antes de ser arado. Pero esa es la única manera en que las semillas echarán raíces.

Quiero remover cosas también en ti. Si ahora todo es "perfecto" en tu vida y no quieres que mejore, deja este libro y para de buscarme. Pero si permaneces conmigo, voy a cambiar las cosas. Quiero plantar buenas cosas en tu vida.

Confía en mí, te van a gustar las mejoras que hago. Mis cambios valdrán la pena. ¡Te lo prometo!

Tu Padre,
>Dios.

=== =========

TIENES AMIGOS EN LUGARES ALTOS

He puesto mis palabras en tu boca y te he cubierto con la sombra de mi mano; he establecido los cielos y afirmado la tierra, y he dicho a Sión: "Tú eres mi pueblo".

Isaías 51:16

Querido hijo mío:

>Es verdad que creé todo el universo. Es verdad que creé cada animal, cada planta y cada átomo. Pero si eso fuera el final de la historia, ¿yo sería bueno para ti?

Algunas personas piensan que hice el universo como de casualidad, y que ahora estoy escondido en algún rincón, desinteresado de tu vida. Eso no es verdad. Te sostengo en mi mano. Tú eres mi pueblo, mi tribu, mi familia. No solo eso, eres mi hijo.

El mismo Dios poderoso que hizo todo, te conoce por tu nombre y quiere hablarte cada día. Eres muy importante para mí. ¡Te amo!

Tu Creador,
>Dios.

=== =========

NO NACÍ EN LOS ESTADOS UNIDOS

Todas las naciones vendrán y te adorarán, porque han salido a la luz las obras de tu justicia.

Apocalipsis 15:4b

Mi hijo:

>No soy solo el Dios de los Estados Unidos. No solo hablo inglés. De hecho, mi Hijo, Jesús, era judío, y yo hablo todo idioma sobre la Tierra. Jesús vivió en Medio Oriente y habló un idioma llamado arameo.

Por todo el mundo, justo ahora, hay personas que adoran a mi Hijo. Personas de todos los continentes alaban a Jesús en toda clase de idioma; usan toda clase de diferentes instrumentos musicales y danzan de distintas maneras.

¿Estarán todas esas personas en el cielo? ¡Seguro! Si no te gustan las personas negras, ni las blancas, ni las amarillas, ni las coloradas ni las marrones, entonces no te gustará estar en el cielo. ¡Yo amo la variedad! Esa es la razón por la que hice tantas razas. De modo que adórame a tu manera.

Tu Creador,
>Dios.

=== =========

NO TU MAESTRO, SINO TU SEÑOR

Yo te instruiré, yo te mostraré el camino que debes seguir; yo te daré consejos y velaré por ti.

Salmo 32:8b

Mi hijo:

>Hace tiempo en algunos lugares de Asia, cuando un joven quería aprender una habilidad, se convertía en aprendiz de un señor en lugar de asistir a un colegio. Noche y día, el joven trabajaba en el negocio de su señor, observando, ayudando y practicando. El señor no solo le decía cómo trabajar, sino que se lo mostraba.

Quiero ser tu Señor. Quiero verte más de una vez a la semana. Quiero vivir contigo, cada día. ¿No es eso lo que mi Hijo, Jesús, les enseñó a sus seguidores? Quiero que vengas a mí cada vez que necesites ayuda. Háblame y escucha. Lee en la Biblia acerca de la obra que he hecho. Obsérvame obrar en el mundo. Yo no soy tu profesor o tu predicador. Soy...

tu Señor,
>Dios.

=== =========

JESÚS REGRESARÁ

Somos ciudadanos del cielo, de donde anhelamos recibir al Salvador, el Señor Jesucristo.

Filipenses 3:20

Mi hijo:

>Jesús es mi embajador para la raza humana. Vino a la Tierra hace dos mil años y dijo: "Conozco un lugar llamado cielo. Todo el que me siga puede ir allí". Después Jesús regresó al cielo. Su oferta aún sigue vigente.

Pero espera, hay más. Jesús vendrá de regreso a la Tierra por segunda vez para llevarse con Él a todos los ciudadanos del cielo. Sin embargo, la próxima vez que venga, no aparecerá como un bebé. En lugar de eso, cabalgará un caballo blanco. El cielo será abierto, y Él descenderá con grandes fuegos de artificio. Volverá para traer a mis hijos a casa. Si has hecho de Él tu Rey, entonces eso significa que Él viene de regreso también por ti. Búscalo pronto.

El Único,
>Dios.

=== =========

TÚ SOLO ERES HUMANO

Él [Señor] conoce nuestra condición;
sabe que somos de barro.

Salmo 103: 14

Querido hijo:

>Yo tendría la más alta calificación en la clase de biología porque escribí el libro sobre ti. No solo sé cómo funcionas físicamente, sino que entiendo todas tus emociones y procesos de pensamiento.

Desde que te creé, te conozco por dentro y por fuera. Sé lo que puedes hacer y lo que no puedes. No espero que hagas lo imposible. Sé que vas a fallar en muchas cosas. Tú solo eres una persona. De modo que no seas tan duro contigo mismo. Un montón de veces esperas más de ti, que yo.

Cuando viva en ti, nunca fracasaré. Lo imposible es mi trabajo, no el tuyo. Tu trabajo es ser mi amigo. Lo haces bien, y estoy orgulloso de ti. ¡Relájate!

Tu Creador,
>Dios.

=== =========

TE HARÉ LIBRE

¡Que den gracias al Señor por su gran amor, por sus maravillas a favor de los hombres! Él hace añicos las puertas de bronce y rompe en mil pedazos las barras de hierro.

Mi muchacho:

>Espero que nunca veas el interior de una prisión, pero imagina cómo será. Tendrías el deseo de ver televisión. Pero lo siento, estás en prisión. ¿Tienes ganas de comer pizza? Muy mal, todo lo que sirven es sopa. Esta es una prisión, ¿recuerdas?

Cuando los prisioneros de guerra de los Estados Unidos fueron liberados del Norte de Vietnam y regresaron a América, muchos bajaron del avión y besaron la tierra. Eso demostraba cuán agradecidos estaban de estar libres. Los barrotes de una prisión son las únicas cosas que pueden robar tu libertad. Enojo, celos, preocupación y temor te atarán a cadenas.

Quiero liberarte de las emociones negativas que te mantienen encarcelado. Entrégame esos sentimientos, y entonces prepárate para besar la tierra. Te libertaré.

Tu Libertador,
>Dios.

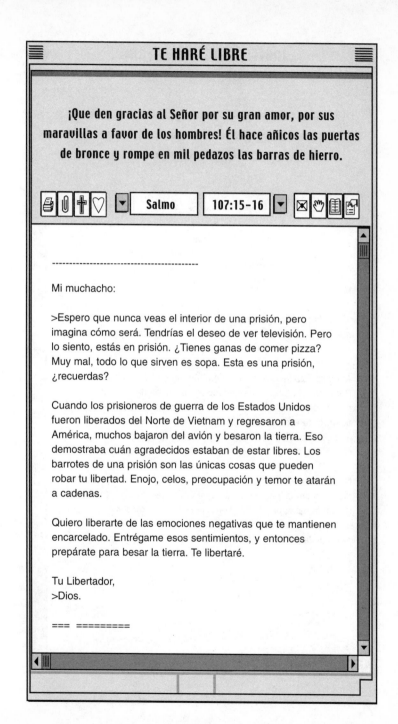

=== =========

INVITA A JESÚS A ENTRAR

Mira que estoy a la puerta y llamo. Si alguno oye mi voz y abre la puerta, entraré, y cenaré con él, y él conmigo.

Apocalipsis 3:20

Mi hijo:

>Tu corazón es como una casa donde vives cada día. Es donde guardas todas tus esperanzas y sueños, todos tus sentimientos y temores.

Algunas habitaciones en tu corazón tienen trofeos brillantes. Pero otras habitaciones esconden las cosas de las que estas más avergonzado. Como la cerradura está del lado de adentro, tú eres el único que puede invitar a alguien a entrar a tu corazón. Mi Hijo Jesús está parado a la puerta de tu corazón y llama. Si lo invitas a entrar, entraré con Él.

No te preocupes. No nos asustaremos por lo que encontremos. Ya conocemos lo que hay allí dentro. Queremos ayudarte a limpiar la casa, una habitación a la vez. Queremos vivir contigo en la casa que tú llamas tu corazón, y haremos de él un hogar. ¿Abrirás la puerta? Eso depende de ti.

Tu Señor,
>Dios.

=== ========

¡VIVE A JESÚS EN PERSONA!

Pero todavía no se ha manifestado lo que habremos de ser. Sabemos, sin embargo, que cuando Cristo venga seremos semejantes a él, porque lo veremos tal como él es.

1 Juan 3:2

Querido hijo:

>¿No deseas a veces poder verme en persona? ¿No hubiera sido grandioso haber vivido cuando Jesús vivió en la Tierra? Hoy las personas oran y fuerzan sus corazones para escuchar mi respuesta. Pero si volvemos a esa época, podrías haberle hecho a Jesús una pregunta y escuchado mi respuesta en una voz audible.

Las buenas nuevas son que Jesús viene de regreso, en persona. Podrás verlo y escucharlo nuevamente. Regresará a la Tierra para llevar a su familia, a aquellos que lo aman, al cielo. Y no solo serán capaces de verlo, sino que serán como Él: puros y llenos de paz y gozo. ¿Estás preparado para ir?

Tu Padre amoroso,
>Dios.

=== ========

Acerca de los autores

Claire Cloninger, es ganador de cuatro Premios Dove como compositor de canciones, también creador del fenomenal éxito musical *My Utmost for His Highest.* Es autor de nueve libros, que incluyen los best-sellers *A Place Called Simplicity* y *Dear Abba.*

Curt Cloninger, el hijo de Claire, tiene como ocupación ser Administrador de Internet para Integrity Music y es el líder de adoración de la Asociación Cristiana Mobie Vineyard. Estuvo dos años en Juventud con una Misión y ha trabajado como maestro de escuela, entrenador de pista de una secundaria, y padrino en un hogar de niños. Con su esposa, Julie, son padres de Caroline, de nueve meses.

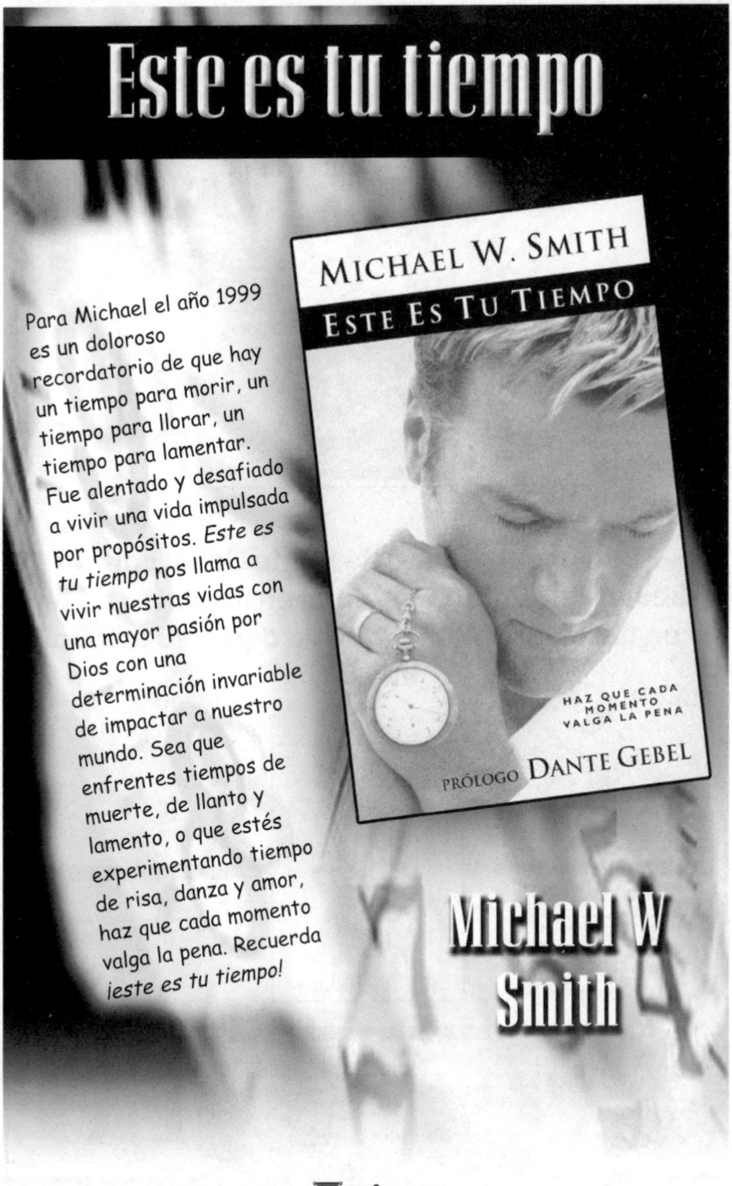
Este es tu tiempo
MICHAEL W. SMITH
ESTE ES TU TIEMPO
HAZ QUE CADA MOMENTO VALGA LA PENA
PRÓLOGO DANTE GEBEL
Para Michael el año 1999 es un doloroso recordatorio de que hay un tiempo para morir, un tiempo para llorar, un tiempo para lamentar. Fue alentado y desafiado a vivir una vida impulsada por propósitos. *Este es tu tiempo* nos llama a vivir nuestras vidas con una mayor pasión por Dios con una determinación invariable de impactar a nuestro mundo. Sea que enfrentes tiempos de muerte, de llanto y lamento, o que estés experimentando tiempo de risa, danza y amor, haz que cada momento valga la pena. Recuerda *¡este es tu tiempo!*
Michael W Smith

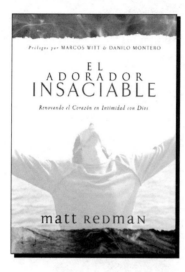